KÖNIGS FURT

W0174020

Zu diesem Buch Der Skorpion wird als Tier wegen seiner überraschenden Angriffe aus dem Verborgenen gefürchtet, aber aus anderen Gründen auch als Glücksbringer geschätzt. Im menschlichen Verhalten bezeichnet der Skorpion verborgene Kräfte, die jede und jeder in sich trägt. Sie führen zu einer Begegnung mit Schattenseiten sowie mit unbekannten Reichtümern in unserem Innern. Anschaulich und mit großem Sachverstand beschreibt dieses Buch, wie wir diese Kräfte entdecken und auf eine gedeihliche Art nutzen können. Beiträge aus Astrologie, Tarot, Traumdeutung und Märchen stellen den *Skorpion in uns* in seiner Vielschichtigkeit dar und ermöglichen ein neues Verständnis für viele Vorgänge im Bereich der persönlichen *Geheimnisse und Leidenschaften*.

Aus dem Inhalt Unter astrologischem Aspekt geht es um die weithin unbekannte Doppeldeutung des Pluto: Pluton, der Herrscher der Schattenwelt, und Plutos, der Knabe mit dem Füllhorn und Gott des Reichtums, stehen in der antiken Mythologie Pate für die heutige Bedeutung des Pluto und des Skorpions. Die Kapitel über Tarot und Traumdeutung erklären das »Stirb und werde«, diese berühmte Maxime des Skorpions. Einfühlsame Deutungen und praktische Tips zum Tarot-Kartenlegen sowie zur Traumbeobachtung lassen die einmalige Besonderheit des Skorpions greifbar werden. Das Märchen »Der Froschkönig oder der eiserne Heinrich« bringt uns den Skorpion in der Doppelgestalt von Königstochter und Frosch näher. Die Verwandlung des Froschs in einen Prinzen gibt zugleich eine Parabel auf den Weg des Skorpions, auf dem dieser – wie der eiserne Heinrich – immer wieder feststellen kann, daß »das Wünschen noch geholfen hat«.

Über den Autor Johannes Fiebig, am 30.3.1953 in Köln geboren, studierte Sozialwissenschaften, Geschichte, Germanistik und Psychologie. Seit 1984 widmet er sich als Autor den Symbolsprachen. In zahlreichen Vorträgen und Seminaren hat Fiebig mit seinem Ansatz Schule gemacht, die fantastischen »Dinge zwischen Himmel und Erde« ernstzunehmen und zugleich Gebiete der traditionellen Grenzwissenschaften zu entmystifizieren. Sein gemeinsam mit Evelin Bürger verfaßtes »Tarot – Spiegel Deiner Möglichkeiten« ist eines der bekanntesten und erfolgreichsten Tarot-Bücher. 1989 gründeten E. Bürger und J. Fiebig den Königsfurt Verlag. Sie leben mit ihren beiden Kindern in Klein Königsförde, unweit von Kiel.

Johannes Fiebig

Der Skorpion in uns

Geheimnis und Leidenschaft

Königsfurt Verlag

Reihe
Astrologie, Tarot, Träume & Märchen
Band 8
Skorpion

Originalausgabe
Königsförde September 1990

Copyright © Königsfurt Verlag
Bürger & Fiebig
Königsfurt 6
D-2371 Klein Königsförde
am Nord-Ostsee-Kanal
(Post Bredenbek)

Umschlaggestaltung: Michael Rompf, Hamburg

Abbildung der Tarot-Karten:
Rider Waite Tarot und Crowley Thoth Tarot–
Bezugsquellennachweis und Copyright
bei AG Müller, Neuhausen/Schweiz.
Ancien Tarot de Marseille–
Copyright bei Ets France Cartes – Grimaud, Paris.

Schreibarbeiten: Anke Senff, Mielkendorf bei Kiel

Gesamtherstellung: Clausen & Bosse, Leck
Printed in West Germany

ISBN 3-927808-08-3

Inhalt

Für Alois
und für Lukas

Und solang du das nicht hast,
Dieses: Stirb und werde!
Bist du nur ein trüber Gast
Auf der dunklen Erde.

(Johann Wolfgang von Goethe)

Der Skorpion in uns

Eine Einführung
in die Symbolkunde

Ein Mensch ohne Bilder, Begriffe und Symbole ist wie ein Fisch ohne Wasser oder wie ein Skorpion ohne Stachel. Die Seele »denkt« in vielen Formen und besonders gerne in Symbolen. Auch Körper, Geist und Wille besitzen und benutzen Bilder und Begriffe in vielfältigster Gestalt. Symbolkunde, wie sie hier verstanden wird, handelt demnach weniger von exotischen Sonderzeichen, sondern vielmehr von alltäglichen Begebenheiten. Das Fantastische, das wir gleichwohl auf unserer Reise in die Welt der Symbole antreffen werden, rührt aus unbekannten Dimensionen des Alltäglichen und Allgegenwärtigen. In dieser Beziehung stehen die Symbolsprachen einem guten Krimi, einem treffenden Gedicht oder einer anspruchsvollen Rätselaufgabe in nichts nach. Das Gewohnte in seinen verborgenen Seiten zu erfahren, ist ein gleichermaßen spannendes, herausforderndes und befriedigendes Erlebnis.

Das geheimnisvolle Unbekannte ist nun gerade das Milieu, in welchem der Skorpion seine Heimat hat. Als Tier wird der Skorpion wegen seiner versteckten Angriffe gefürchtet, jedoch aus anderen Gründen, die noch darzustellen sind, auch als Glücksbringer verehrt und geschätzt. Für das menschliche Verhalten wollen wir den Skorpion zunächst als eine Kraft auffassen, die in uns vorhanden ist und die aus dem Verborgenen heraus eine manchmal gefährliche, andererseits aber glücksverheißende Wirkung entfaltet. Wenn wir uns also mit Symbolen befassen, dürfen wir uns darauf gefaßt machen, bei der Suche nach unbekannten Bedeutungen und beim »Blick hinter den Vorhang« auf den Skorpion in uns zu treffen. Kennen und verstehen wir unseren Skorpion-Anteil, so ist er ein hervorragender Wegführer in der zauberhaft-geheimnisvollen Welt der Symbole.

Ein »Symbol« ist ein Ding, eine Erfahrung, ein Gedanke oder ein Ereignis, worin verschiedene Wirklichkeiten sich zusammenfügen. Symbolon bedeutet soviel wie Zusammentreffen (wörtlich: Das Zusammen-Geworfene). Symbolisch ist eine Angelegenheit immer dann, wenn in ihr mehrere Sachverhalte gemeinsam gültig sind. In einem Symbol berühren sich verschiedene Welten in einem Punkt oder zur selben Zeit.

Der »Skorpion« beispielsweise wird zu einem Symbol, wenn das Verhalten dieses Tieres zugleich als Sinnbild für gewisse menschliche Verhaltens- oder Charaktereigenschaften betrachtet wird. An sich unvergleichliche Aspekte der Wirklichkeit – wie tierisches und menschliches Verhalten – werden auf einen Nenner gebracht. Ein Brunnen – als weiteres Beispiel – besitzt seine eigentümlichen Funktionen und Beschaffenheiten; er wird zu einem Symbol, wenn er zusätzlich übertragene oder sinngemäße Bedeutungen annimmt – etwa zur Beschreibung gewisser Qualitäten des menschlichen Skorpions, dem »brunnenhafte« Merkmale wie Tiefe, Abgründigkeit sowie Nutzung unsichtbarer Quellen zugeschrieben werden.

Diese Beispiele weisen bereits auf die allgemeine Wirkungsweise von Symbolen hin: Von Bekannten (z. B. Brunnen) führen sie zum Unbekannten, zu Fragen, die noch erklärungsbedürftig sind (z. B. Charakteristika des Skorpions). Definitionen erhalten durch Beispiele einen faßbaren oder vorstellbaren Inhalt; Worte werden durch bestimmte Bedeutungen zu einem Begriff. Erfahrungen bekommen eine Sinn. Darin bestehen Leistung und Aufgabe von Symbolen: Jedesmal fügt sich etwas zusammen. Es entsteht eine Wesenheit, eine *Gestalt* oder ein *Inbegriff*. In einem Symbol findet sich der Mensch mit seinen verschiedenen Erlebnisebenen wieder. Speziell der Skorpion in uns liebt es (und braucht es), von der Oberfläche hinabzutauchen zum Grund der Erscheinung, Hintergrund und Vordergrund zu einem Ganzen zu verbinden.

Es ist wichtig zu verstehen, daß alles im Leben eines Menschen (auch) eine symbolische Bedeutung besitzt oder besitzen kann. Seitdem der Mensch überhaupt Mensch geworden ist, seit er sich aus den stummen Zwängen der Natur befreit hat, besitzt er auch Symbole. Keineswegs sind Symbole ein Thema nur solch spezieller Symbolsprachen wie Tarot, Traumdeutung, Astrologie und Märchen. Daß diese in diesem Buch im Vordergrund stehen und Sie zu einer persönlichen Symbolkunde einladen möchten, hat eigene Gründe. Zunächst muß jedoch von dem verbreiteten Mißverständnis abgeraten werden, welches das Alltagsleben und die Welt der Symbole als voneinander getrennte Bereiche sieht. Als sei ein Leben mit Symbolen eine Erfindung oder eine Besonderheit von Psychologie, Theologie oder Esoterik. Tatsächlich leben wir *immer* auch mit und in Symbolen. Die Körpersprache und der mündliche Ausdruck sind die ersten und wichtigsten Symbolsprachen, die jeder Mensch besitzt und ein Leben lang erlernt. Viele andere Symbolsprachen schließen sich an

– einschließlich der Schriftsprache, der in einer Gruppe oder Gesellschaft herrschenden Arten des Denkens, Zählens und Rechnens usw. Eine ganze Kultur bildet sich aus vielen einzelnen Symbolsprachen. Die Kunst besteht dabei darin, zwischen allgemeingültigen und höchstpersönlichen Bedeutungen der Symbole zu unterscheiden.

In seiner (nicht nur in Fachkreisen) wohlbekannten Schrift »Märchen, Mythen, Träume – Eine Einführung in das Verständnis einer vergessenen Sprache« plädierte der Sozialphilosoph und Psychologe Erich Fromm (vor rund 40 Jahren schon) für eine verstärkte Beschäftigung mit denselben und mit verwandten Symbolsprachen wie sie nun Thema des vorliegenden Buches sind. »Für jeden, der mit sich selbst in Berührung kommen möchte, ist es wichtig, diese Symbolsprache verstehen zu können.« So urteilte Fromm, der zu den Mitbegründern der berühmten »Frankfurter Schule« zählte. Er erklärte weiter: »Ich halte (...) die Symbolsprache für die einzige Fremdsprache, die jeder von uns lernen sollte. Wenn wir sie verstehen, kommen wir mit dem Mythos in Berührung, der eine der bedeutsamsten Quellen der Weisheit ist, wir lernen die tieferen Schichten unserer eigenen Persönlichkeit kennen«. Und: Deshalb sollte an Schulen und Bildungsstätten »ebenso wie der Unterricht in anderen ›Fremdsprachen‹, so auch der Unterricht in der Symbolsprache in den Lehrplan aufgenommen werden.«

Heute ist die Beschäftigung mit Märchen, Mythen und Träumen (zu der wir ohne weiteres das Tarot und die Astrologie als bestimmte Ausprägungen des Mythos hinzusetzen dürfen) ein Thema für Millionen. Das unterscheidet die aktuelle Situation von der der 1950er

Jahre, als E. Fromm jene Worte schrieb. Nachdem seit den 1970er Jahren die Psychologie eine beispiellose Verbreitung gefunden hat und findet, sind es in den 1990er Jahren nicht zuletzt die sogenannten »Grenzwissenschaften«, die eine bisher unbekannte Popularität erreichen. Die Saat von Erich Fromm, von C. G. Jung, von Sigmund Freud und vielen anderen ist damit aufgegangen. Gerade aufgrund dieses Erfolges haben sich viele Dinge jedoch weiterentwickelt, haben sich neue Erfahrungen und Einschätzungen herausgebildet.

Wir sprechen heute weniger von *der* Symbolsprache, wie Erich Fromm es tat, sondern von *den* Symbolsprachen. Denn die Zahl der bekannten Symbolsprachen ist vielfältiger und bunter geworden. Die Auffassung, es gebe eine einzige symbolische Ursprache der gesamten Menschheit, ist hinter die Annahme vieler Ursprungsansätze zurückgetreten. Das betrifft auch die Bedeutung der *Archetypen*, der Urbilder und der Wurzeln des Seelenlebens. Wir wissen heute, daß es Archetypen gibt, die das seelische Befinden großer Kollektive und ganzer Kulturen prägen. Vielen Ur- und Leitbildern der abendländischen Tradition begegnen wir z. B. im Tarot und in der Astrologie. Zusätzlich ist heute aber auch bekannt, daß »Archetyp« (im Wortsinne von Urbild, Erstprägung und Prägestock) eine Metapher, eine Umschreibung, für den einmaligen Charakter eines jeden Individuums darstellt: In der Verwirklichung unserer persönlichen Individualität schaffen wir – auf je eigene Weise – selber auch Gestalten und Formen, die ohne Vorbild sind und die neue Bilder, neue »Ur-Sachen« in die Welt setzen.

Beide Pole sind zu beachten: Die großen Stimmungslagen einer Gesellschaft, die seelischen Hintergründe eines »Zeitgeistes«, in welche wir oftmals wesentlich mehr eingebunden sind, als uns dies bewußt ist. Und die Rolle der Individualität, die neue Wahrheiten ins Leben ruft und die im Grunde eine eigene Ursprache besitzt – so, wie jeder Traum auch eine persönliche und einmalige Komponente besitzt oder besitzen kann. Aus dieser doppelten Ausrichtung der heutigen Symbolkunde (die zugleich das »Transpersonale«, d. h. das Gemeinschaftliche, wie das Individuelle und Einzigartige beinhaltet) erklärt sich in einem tieferen Sinne die beschriebene Erweiterung des Archetypen-Begriffs wie auch der Übergang von einer Symbolsprache in der Einzahl zu den Symbolsprachen in einer Vielzahl.

Wenn Erich Fromm die Symbolsprache als »Fremdsprache« auffaßt, so hat er damit zur Hälfte Recht. Symbole führen in unbekannte Dimensionen des Lebens ein. Symbole fügen Bekanntes und Unbekanntes, Bewußtes und Unbewußtes, Gegenwart und Nichtgegenwart zu einem größeren Ganzen zusammen. Von daher versteht sich auch der bekannte Ausspruch C. G. Jung's, der vom Symbol sagte, daß es »immer mehr enthält, als man auf den ersten Blick erkennen kann« (wobei das »immer« zu betonen ist: auch und gerade Deutungs-Experten/innen begegnen den Symbolen immer wieder wie zum ersten Mal). Es gibt eine »fremde«, unbekannte Realität, die stets größer und umfassender ist als die bis dato gewohnte Wirklichkeit. Der traditionelle Begriff für diese »andere« Realität ist das *Jenseits*, welches in jüngerer Zeit gerne auch als *Anderswelt* bezeichnet wird. Insofern ist es zutreffend von den Symbolsprachen als »Fremdsprachen« zu reden.

Zugleich ist die Auffassung von Symbolen als etwas Fremdem auch irreführend, denn Symbole sind allgegenwärtig. Bis in den 1950er und 1960er Jahre hinein war es üblich, mehr oder weniger strikt zwischen einem »zeichenhaften« Tagesbewußtsein und einer »symbolhaften« Nacht- oder Traumwelt zu trennen. Auch C. G. Jung und E. Fromm schlossen sich dieser Unterscheidung an, die sie allerdings oftmals beklagten und zu überwinden vorschlugen. In gewisser Weise ist ihr Wunsch inzwischen in Erfüllung gegangen. Durch neue Symbolsprachen, wie z. B. die Traumdeutung, ist manches Licht in das zuvor unzugängliche Dunkel der Nachtwelt gekommen. Symbolanwendungen wie etwa das Tarot-Kartenlegen, üben einen bewußteren Umgang mit unbewußten Seiten der Existenz ein. Das Unbewußte als solches bleibt unergründlich. Aber durch den Umgang mit Bildern, Begriffen und Symbolen, die allesamt an einer *Nahtstelle* von Bewußtem und Unbewußtem einsetzen, ist vieles aus dem Bereich des Unbewußten einsichtiger und (für das Bewußtsein) faßbarer geworden.

»Wir sind der Stoff, aus dem die Träume sind«

Gleichzeitig hat sich im Laufe der letzten 20 bis 30 Jahre deutlicher herausgestellt, wieviel Unbewußtes im scheinbar sachlichen, eindeutig-realistischen Tagesbewußtsein verborgen ist. Jedes noch so selbstverständliche »Zeichen«, das wir im Alltag benutzen oder erfahren, besitzt seine mögliche symbolische Bedeutung. Es gibt z. B. Psychologien des Autofahrens und des Fahrradfahrens, Psychologien des Geldes, Symbolkunden der Körpersprache, der Essens- und der Schlafgewohnheiten usw. usf. Während Ende der 1960er Jahre die »Psychosomatik« (die Auffassung, daß ein körperlicher Vorgang seelische Ursachen oder seelische Folgen besitzt) für eine breitere Öffentlichkeit erst einmal entdeckt werden mußte, ist heutzutage das Wissen von möglichen symbolischen Bedeutungen der Gesundheits- und Krankheitszustände weiter fortgeschritten. Zusätzlich hat sich vermehrt herumgesprochen, daß nicht nur Körper und Seele miteinander in Wechselwirkung stehen, sondern daß diese ergänzt werden von Prozessen im Bereich des Geistes und des Willens.

Jede Erfahrung, jedes Ereignis kann eine symbolische Mitteilung darstellen. So sieht es die Traumdeutung anerkanntermaßen für die Nachtträume. Aber die Methoden und die Ergebnisse der Traumdeutung lassen sich auch auf Tagträume, auf Fantasie- und Wunschvorstellungen anwenden. Alles, was im Tagesablauf geschieht, ist potentiell ebenso bedeutungsträchtig, wie es dies als Teil des Traumlebens wäre. Ob der Postmann zweimal klingelt, ob ein Geschäftsabschluß gelingt, ob ein Abfluß verstopft ist, welche Begegnungen Ihnen beruflich oder privat ins Haus stehen, was Sie mit Nachbarn oder Verwandten erleben – dieses und anderes mehr besitzt (auch) symbolische Dimensionen und läßt sich nach den Regeln der Traumdeutung (und anderer Symbolsprachen) deuten.

Noch die größten Selbstverständlichkeiten haben »Es« in sich und verstehen sich weniger von selbst, als man glaubt. Die Grundformen des Sprechens, Denkens und Rechnens z. B. stellen eine stumme, zumeist unbewußtbleibende Verabredung zu einer bestimmten Lebensweise und Weltanschauung dar. Es gibt *andere* Sprachen, welche entweder mehr oder weniger Zeit-

Zwischen Tag und Traum

In der Traumdeutung sprechen wir vom »Tagesrest«. Das sind Reminiszenzen aus dem vergangenen Tagesablauf, die der Schlaftraum benutzt, um damit seine Traumgeschichte zu erzählen. Ereignisse und Personen des Vortages treten im Nachttraum wieder auf, um gleichsam das Personal und die Kulisse für eine Traumhandlung abzugeben, die in ihrer Bedeutung in eine ganz andere Richtung zielen kann, als die Personen und die Ereignisse aus dem Tagesgeschehen erwarten lassen.

In einer Analogie zum »Tagesrest« im Traum ist es sinnvoll, von einem »Traumrest« im Tagesbewußtsein auszugehen. Überbleibsel und Fortwirkungen von Nachtträumen (an die man sich vielleicht gar nicht erinnert) werden vom Tagesbewußtsein aufgegriffen und benutzt, um zu bestimmten Entscheidungen oder Entschlüssen zu kommen. Ereignisse und Gestalten aus den Schlafträumen treten im Tagesbewußtsein wieder auf, um gleichsam die Dramaturgie, die Stimmungen und die Antriebskräfte für einen Tagesablauf abzugeben, der in seiner tatsächlichen Bedeutung ganz andere Ziele und Zwecke verfolgen kann, als dies die bewußt formulierten Verhaltensgründe erfassen.

ebenen kennen als wir in unseren drei Grundbegriffen Vergangenheit, Gegenwart und Zukunft. Manche Kulturen kennen keine Entsprechung für das Wort »Ich«, andere bilden (in ihrer Sprache) kein Subjekt. Wieder andere Sprachen verfügen außer über Aktiv und Passiv über weitere sogenannte Verbgeschlechter, d. h. über zusätzliche Erlebnis- und Ausdruckformen usw. usw.

Jede Vokabel hat ihre Geschichte; jedes Bauteil einer Sprache stellt eine Entscheidung für eine bestimmte Weltsicht (und für die Ausklammerung gewisser anderer Lebenserfahrungen) dar; diese sind vorhanden und wirksam, bevor ein einzelner Mensch seine Sprache überhaupt erlernt. Nicht anders ist es bei den Zahlen. Zahlen sind – ähnlich den Tönen – ein Kosmos für sich. Darin existieren mehr Gültigkeitsebenen, als wir gewöhnlich kennen. Aber wir haben zumeist schon davon erfahren, daß *Zeit* unter bestimmten Bedingungen sehr relativ ist. Fixe Zeitgrößen können flüssigwerden und dahinschmelzen wie Wachsfiguren in der Sonne. Ähnlich verhält es sich mit den Zahlenbegriffen! Wie wandelbar unsere Zahlen-Vorstellungen sind, mit denen wir immerhin einen großen Teil der Welt erfassen, zeigt sich z. B. daran, daß erst im Mittelalter das Abendland Gebrauch von den »arabischen« (tatsächlich indischen) Ziffern machte und die Verwendung der Null einführte. (Auf die große Bedeutung des leeren Nichts jener Null, die zugleich als Kreis ein Zeichen der Vollendung gibt, mußte man erst einmal kommen!)

Fazit: Das Andersartige und Unbewußte ist immer auch ein möglicher Teil der eigenen Person. Das Unbewußte und Unerwartete wohnt selbst den sachlichsten und nüchternsten Tagesrealitäten inne. Wenn Symbole eine Brücke zum Fremden bauen, so stellen die Symbolsprachen nicht nur eine »Fremdsprache«, sondern auch eine Zwiesprache mit unbekannten Seiten des persönlichen Daseins dar. In einer bestimmten Beziehung stellen die Symbolsprachen gerade das (ergänzende) *Gegenteil einer Fremdsprache* dar: Eine Hinführung zur eigenen Sprache.

Symbole schaffen u. a. Kontakt zur inneren Stimme. Viele tatsächliche »Fremdsprachen« müssen wir dafür auch beiseite räumen, bis wir den Dialekt der inneren Stimme und das Idiom, die Eigenarten der persönlichen Sprache verstehen und anwenden können.

Was wir in unserem Leben sagen möchten und sagen können, ist auch ein Ausdruck dafür, wieweit wir unsere Wünsche zu verstehen und zu vertreten in der Lage sind. Und bis zu den ureigensten Wünschen, bis hin zu noch unbekannten Wünschen, spannt sich der Bogen, auf dem die Symbole uns durch Beispiel und Begriff den Weg vom Vertrauten ins Unbekannte, vom Bewußten ins Unbewußte, vom Heute ins Morgen – und jeweils auch wieder zurück – zu führen vermögen.

Ohne daß er immer ausdrücklich erwähnt wurde, haben wir auf den vorigen Seiten bereits den Skorpion in Grundzügen kennengelernt. Seine astrologische Definition lautet »Ich begehre«, und der Weg hin zur Aufschlüsselung der ureigenen Wünsche ist zugleich ein Weg zu unserem inneren »Skorpion«. Wie der Skorpion im Verborgenen zuhause ist, so ist das Nicht-Ich, das Andere, das »Fremdsprachige« das eigentliche Reich des Skorpions als Verhaltenstypus. Viel Einsicht und Umsicht gehören dazu, den Skorpion dort abzuholen. Es gilt, sowohl das Verständnis für das Andersartige und den Respekt für das Geheimnisvolle im Leben eines jeden Menschen zu bewahren, wie auch durch viele fremde Stimmen hindurch den Kanal, die Frequenz der im Verborgenen vorhandenen *eigenen* Stimme ausfindig zu machen.

Die speziellen Symbolsprachen, die uns auf den folgenden Seiten dem Skorpion und der Welt der Symbole näherbringen werden, – Astrologie, Tarot, Traumdeutung und Märchen besitzen ihre grundsätzliche Bedeutung darin, daß sie *Beispiele* für die alltägliche (und allnächtliche) Gegenwart der symbolischen Dimension menschlichen Lebens geben. Mit der *Astrologie* achten und beachten wir im besonderen die »Qualität der Zeit«, in der wir einen Schlüssel zum Verständnis der Einmaligkeit, d. h. der Vergänglichkeit und der Ewigkeit eines Augenblickes finden können. Indem die Astrologie (in Form von Elementen, Tierkreiszeichen und »Planeten« u. a.) an einer Typenbildung von Charakteren und Verhaltensweisen arbeitet, leistet sie einen unvergleichlichen Beitrag dazu, sich von menschlichen Potentialen und Entwicklungswegen einen *Begriff* zu machen.

Das *Tarot-Kartenlegen* ist ein wirkungsvoller Spiel- und Trainingsplatz, auf dem es in mehrfacher Hinsicht möglich ist, dem Alltag in die Karten zu schauen. Die Qualität der Zeit nimmt hier – über die Arbeit mit dem »Zufall« beim Kartenlegen – ebenfalls eine große Rolle ein. Hinzu kommen die Begegnungen mit kulturellen Leitbildern, mit individuellen Sehgewohnheiten und mit dem Selbstbild einer Person. Das Tarot-Kartenlegen ist ganz wesentlich eine *Kunst des Augenblicks*, wobei »Augenblick« sowohl das Schauen sowie den Zeitmoment meint.

Während die Astrologie die seelische Begriffsbildung und das Tarot die seelische Wahrnehmung der Außenwelt in den Mittelpunkt der Aufmerksamkeit rücken, betont die *Traumdeutung* die bewußte oder ausdrückliche Wahrnehmung der Innenwelt. Der »Augenblick« besitzt auch hier seine besondere Bedeutsamkeit. Träumen stellt eine Art geistigen Schauens dar. Und in der praktischen Traumdeutung hängt viel von der Assoziationskraft ab, die wiederum eine Offenheit für die Impulse des Moments erfordert.

Märchen wurden bis ins frühe 19. Jahrhundert weitaus häufiger für Erwachsene als für Kinder erzählt. Sie waren Teil einer Volkstradition, die bis dahin als nicht druckfähig galt und die im Sinne der Schrift- und Kulturwelt sprachlos war. Die klassischen Märchen zeugen von der Herausbildung einer Volksmythologie, mit der sich die »kleinen Leute« u.a. gegen ihre offizielle Sprachlosigkeit behaupteten. Diese Zusammenhänge sind nicht allein von geschichtlichem Interesse. Auch in der individuellen Entwicklung eines heutigen Menschens gibt es immer wieder »sprachlose« Zeiten und die Notwendigkeit, eine persönliche Vision und einen privaten Mythos zu behaupten. Märchen aktualisieren die persönliche Betroffenheit und können die erforderlichen Kräfte des Vertrauens und der Begeisterung für den persönlichen Weg stärken.

Es gibt verschiedene Gefahren im Umgang mit Symbolen – übergroße Selbstbezogenheit, Symbolfetischismus, symbolisches Ersatzleben u.a. –, die wir im weiteren Verlauf der Darstellung betrachten werden. Diese Gefahren finden einen gemeinsamen Nenner darin, daß man sich eine private Fantasiewelt oder eine »hermetische« Märcheninsel einrichtet, in der die eigene Betroffenheit entweder allein zählt oder aber gänzlich fehlt.

Märchenhandlungen spiegeln oftmals Läuterungsprozesse wider. Manchmal beginnen Märchen auch mit der Formel »In den alten Zeiten, wo das Wünschen noch geholfen hat…«. Ob der Umgang mit Symbolen zu einer Läuterung der persönlichen Wünsche führt, ist ein Anhaltspunkt, welcher gegen die genannten Gefahren schützt, und zugleich – unter der Betrachtungsweise des Skorpions – ein Gradmesser für den Nutzen des Lebens mit Symbolen. Denn darauf läuft die Logik des Skorpions hinaus: Er verkörpert den begehrenden und verlangenden Teil in uns allen, der eine stimmige Unterscheidung von geeigneten und ungeeigneten Wünschen braucht, damit wir auch in heutigen Zeiten erleben, daß »das Wünschen noch geholfen« hat.

Mit allen Wassern gewaschen

Der Skorpion in astrologischer Beschreibung

Die Astrologie zählt zu den Symbolsprachen, weil sie ein System von bildhaften Beschreibungen und Begriffen ausgebildet hat, mit dessen Hilfe es möglich ist, so unterschiedliche Seiten der *seelischen* Wirklichkeit wie Himmel und Erde, Mikro- und Makrokosmos sowie kollektives und Einzelschicksal aufeinander zu beziehen. Die Astrologie hält ein ausgezeichnetes Erfahrungswissen von menschlichen Verhaltensweisen und Lebenszyklen bereit. Sie untersucht und achtet die Qualität der Zeit. Und dennoch ist die Astrologie durchaus erklärungsbedürftig, weil sie selber einem modernen *zeitgemäßen* Welt- und Menschenbild zu widersprechen scheint.

Im Horoskop drehen sich die Sterne noch um die Erde, und auch Sonne und Mond gelten astrologisch als Planeten. Scheinbar ist innerhalb der Astrologie die Zeit stehengeblieben. Das geozentrische Weltbild scheint noch gültig und trotzt, so möchte man meinen, dem Galilei'schen »Und sie bewegt sich doch!«, das vor fast einem halben Jahrtausend ausgesprochen wurde. Wie vor mehr als zweitausend Jahren liegt der Frühlingspunkt in der Astrologie auch heute an der Spitze des Zeichens Widder. Tatsächlich aber steht die Sonne zum Frühlingsanfang heute nicht im Widder (doch auch nicht im Wassermann, wie vielfach schon behauptet wird), sondern mitten im Zeichen der Fische.

Die »andere« Wirklichkeit
der Astrologie

Diese Gegebenheiten haben Kritiker/innen dazu verleitet, die Astrologie schlicht als Unfug abzutun. Und nicht wenige Freundinnen und Freunde der Astrologie wußten sich kaum anders zu helfen, als zu erklären, Astrologie sei eben unwissenschaftlich und dies sei gerade das Schöne an ihr. Doch solche Rückzugsgefechte und jene allzu leichten Verurteilungen verlieren zunehmend ihre Bedeutung. Sie sind nicht mehr berechtigt und nicht mehr notwendig, sobald wir die Astrologie als eine *Symbolsprache* verstehen.

Wenn die Astrologie bestimmte Charakter- und Verhaltensmerkmale dadurch kennzeichnet, daß sie sie mit einem Skorpion oder einem Stier vergleicht, dann macht sie nichts anderes, als die Nachtträume auch, in denen vertraute Personen durchaus in Gestalt von Tieren auftreten können. – In seinem schon angesprochenen Werk »Märchen, Mythen und Träume« erläutert der Sozialpsychologe E. Fromm die Logik der Nachtträume, welche sinngemäß auch für die Logik der Astrologie gilt, folgendermaßen:

> »Während des Schlafs weist die seelische Tätigkeit eine andere Logik auf als im wachen Dasein. Im Schlaf brauche ich mich nicht um Dinge zu kümmern, die nur im Umgang mit der Wirklichkeit von Bedeutung sind. Wenn ich zum Beispiel von einem Menschen das Gefühl habe, daß er ein Feigling ist, dann kann ich von ihm träumen, er habe sich aus einem Menschen in ein Huhn verwandelt. Diese Verwandlung ist in bezug auf mein Gefühl gegenüber dieser Person sinnvoll, unsinnig ist sie nur in bezug auf meine Orientierung zur

Außenwelt (in bezug darauf, was ich *realistisch* mit dem Betreffenden tun könnte). Dem Schlaferlebnis fehlt nicht die Logik, aber es handelt sich um andere logische Gesetze, die jedoch in diesem Erlebniszustand völlig gültig sind.«

Auf die hier geschilderte Weise ist es sinnvoll und vernünftig, z. B. von einem skorpion- oder stierhaften Menschen und von stierischen oder skorpionischen Verhaltenszügen bei einem Menschen zu sprechen, wenn dies der gefühlten, seelischen Realität gerecht wird. Auf die gleiche Weise drückt aber auch das »geozentrische Weltbild«, die Erde im Mittelpunkt des Horoskops, eine seelische Wirklichkeitserfahrung aus, die nicht unlogisch ist: Die Erde als Bezugspunkt der astrologischen Planeten entspricht gefühlsmäßig dem Erleben einer persönlichen Existenz, welche eben hier auf dieser Erde ihr Zentrum hat. Das Erdendasein der Menschheit insgesamt wird als Dreh- und Angelpunkt erlebt. Und das Einzel-Horoskop betrachtet das Individuum als den »Mensch im Mittelpunkt«, um den die Sterne der Astrologie kreisen.

Wie der Schlafzustand in seinen Träumen, so bringt auch die Astrologie eine »andere« Wirklichkeit zur Geltung. Das Traumgesicht, das einen bestimmten Menschen als Huhn sieht, verträgt sich durchaus mit dem Wachbewußtsein, welches denselben Menschen in seiner gewohnten Gestalt wahrnimmt. Und ebenso vereinbart sich die astrologische mit der astronomischen Realität. Sie geben verschiedene Welten an, die sich jedoch ergänzen und bestärken können wie Tag und Traum. Auf eine Formel gebracht: Tags kreist die Erde um die Sonne und nachts der Mond um die Erde. Jeder Mensch dreht sich als Teil der Erde um die Sonne, und in dem Punkt, wo der oder die Einzelne wirklich individuell ist, bewegt sich auch ein Kosmos um sie oder ihn.

Der Ausruf »Und sie bewegt sich doch«, nämlich die Erde, behält seine Gültigkeit, auch wenn die Astrologie den oder die Menschen auf der Erde als Fixpunkt ansetzt. (Genauso verhält es sich ja mit dem Traumgeschehen, in dem zum Beispiel Vögel schwimmen und Pferde fliegen können, was nichts an den tatsächlichen Eigenschaften der Vögel oder der Pferde ändert.) In gewisser Weise bestätigt die Astrologie jenen Ausruf und erweitert ihn sogar um zusätzliche Bedeutungen. »Es ist ein Universum auch im Innern«: Im Innern der Erde ist Leben und Bewegung, und im Innern eines jeden Menschen pulsiert eine eigene Welt; auch das bedeutet: Sie *bewegt* sich doch!

Astrologie und Traumdeutung erkunden das innere Universum der Erdenbewohner, so wie Astronomie und Verhaltensforschung deren Außenwelt aufschließen. Die Astrologie zeichnet eine Landkarte der Innenwelt. Durch ihren systematischen und begrifflichen Aufbau ist sie sogar besonders gut geeignet, eine *Grammatik des Unbewußten* darzustellen. Daß die Astrologie dabei von »alten Zeiten« ausgeht und deshalb den Frühlingspunkt noch in den Widder legt, stört in diesem Zusammenhang genausowenig wie etwa die mythischen Figuren, welche in Träumen (oder in Märchen oder im Tarot u. a.) in Erscheinung treten.

Tag und Traum bezeichnen verschiedene Welten, und erst wenn wir beide Universen in einer einzigen, neuartigen Lebensform und Weltsicht vereinen wollen, werden die existierenden Unvereinbarkeiten zwischen astrologischen und astronomischen Bezugsgrößen zum störenden Hindernis, das aufzuheben ist. Soweit sind

wir jedoch nicht. Einstweilen gilt die bewährte Maxime
»Erst unterscheiden, dann verbinden«. Tag und Traum,
Sonne und Mond, bekannte und unbekannte Realitäten ergänzen und bereichern sich gegenseitig, eben weil
sie unterschiedliche Wahrheiten zur Geltung bringen.
Wenn wir die Widersprüche zwischen Tag und Traum
produktiv nutzen, entstehen zwei Pole, zwischen denen
ein Strom fließt – ein Spannungsverhältnis, in dem ein
neuer, erweiterter Begriff der eigenen Persönlichkeit
wachsen kann. Das Tagesbewußtsein allein würde am
eigenen Selbst vorbeigehen, jenem Punkt, der im Horoskop die Mitte einnimmt. Traumerfahrung oder Astrologie für sich allein genommen würden das bewußte Ich
verpassen, das seine Identität nur in Auseinandersetzung mit der Außenwelt definieren kann.

Verlangen aus Prinzip

Mit diesen allgemeinen Bemerkungen zum Standort der
Astrologie sind wir auch schon bei unserem speziellen
Thema, dem Skorpion, angelangt. Die astrologische
Definition des Skorpions lautet »Ich begehre«. Starke
Wünsche und leidenschaftliche Sehnsucht kennzeich-
nen u.a. das Verhalten des Skorpion in uns. Der Skor-
pion braucht die spannungsreiche Kluft zwischen dem
Bekannten und dem Unbekannten, weil sein Streben
sich immer wieder vom Vorhandenen auf das Begehrte
richtet. Das Begehrte existiert irgendwo, aber es ist
noch nicht bei ihm oder er ist noch nicht bei jenem.
Immer wieder macht sich der Skorpion auf dem Weg
zum Ziel einer Wünsche. Er baut Brücken, überwindet
Hindernisse und Abstände, um das Begehrte zu errei-

chen. Hat er es aber erlangt, erneuert er die Spannung, indem er nach noch unerreichten Zielen ausgreift, um sein Verlangen neu zu entwickeln. Ein Leben ohne Spannungen ist für den Skorpion uninteressant. Nur wenn seine Wünsche (erst einmal) im Gegensatz zur vorhandenen Realität stehen – weil sie etwas noch nicht Vorhandenes benennen –, kann er sie (schließlich) auch *in* der Realität erfüllen. Wer die Spannungen zwischen Wunsch und Wirklichkeit zu vermeiden oder zu unterlaufen sucht, kommt nie in einer gewünschten Wirklichkeit oder bei seinen wirklichen Wünschen an!

Der Skorpion bedeutet unser Verlangen aus Prinzip, eine »Sehnsucht des Lebens nach sich selbst« (Kahlil Gibran). Der Skorpion ist ein symbolischer Ausdruck für jene geheimnisvolle Tiefe in uns, aus der unsere Bedürfnisse und unsere Betroffenheiten entspringen – einschließlich der Mittel und Wege, die unser Begehren zu befriedigender Erfüllung zu führen vermögen.

Um die Beschreibung des Skorpions in der Astrologie zu verstehen, ist es erforderlich, auf die Bildungselemente der astrologischen Typenlehre einzugehen. Die Kenntnis dieser Bausteine macht es leichter, die Beschreibung eines Tierkreiszeichens nachzuvollziehen und persönlich zu bestätigen oder auch sinngemäß weiterzuentwickeln. Denn die Beschreibung der astrologischen Charakter- und Verhaltenstypen ist keine Glaubensfrage, sondern Erfahrungssache. Mit gewandelten Erfahrungen entwickelt sich eine Typenlehre weiter. Die Strukturen oder Bausteine der astrologischen Theorie helfen dabei, diese Erfahrungen aufzufangen und auszudrücken. Für die Beschreibung eines Tierkreiszeichens stellen folgende Merkmale die wesentlichen Anhaltspunkte dar:

Astrologische Definitionen
der Tierkreiszeichen

Widder:	Ich bin.
Stier:	Ich habe.
Zwillinge:	Ich denke.
Krebs:	Ich fühle.
Löwe:	Ich will.
Jungfrau:	Ich analysiere.
Waage:	Ich gleiche aus.
Skorpion:	*Ich begehre.*
Schütze:	Ich sehe.
Steinbock:	Ich nutze.
Wassermann:	Ich weiß.
Fische:	Ich glaube.

- Die Zugehörigkeit zu einem der vier Elemente Feuer, Wasser, Luft und Erde. Der Skorpion ist das mittlere, feste Zeichen des Elements Erde.
- Die Herrschaft bestimmter Planeten in dem betreffenden Zeichen. – Im Skorpion regiert Pluto, und Uranus ist erhöht.
- Die Stellung im Jahreskreis. – Der Skorpion erstreckt sich auf die Herbstmitte. Im Jahreskreis tritt er an achter Stelle auf. Im Horoskop gibt er die Bedeutung des achten Hauses an. (Zusätzlich: Die Stellung im Lebenskreis. – In der Entwicklung eines Menschen kann sich der Skorpion im besonderen auf den Lebensabschnitt von ca. 50 bis 56 Jahren beziehen.)

Das Element des Skorpions ist das Wasser. Dieses steht (bzw. fließt) in der Astrologie wie in vielen anderen Symbolsprachen für das Seelenleben, für die Psyche und für bewußte wie unbewußte Gefühle und Stimmungen. Das Wasser ist eins der Urelemente. Wegen seiner Formlosigkeit wurde und wird das Wasser mit dem Chaos und einem Urzustand der Materie in Verbindung gebracht. In der ägyptischen Mythologie tauchte aus dem Urgewässer der Urhügel hervor. Im indischen Mythos, der bei den »alten Griechen« weiterlebte, trug das Wasser das Weltenei. Zu Beginn der Schöpfung schwebte nach biblischer Auffassung der Geist Gottes über den Wassern (1 Mos 1,2). Dieses Bild vom »Geist über den Wassern« spielt bis in die heutige Zeit eine große Rolle, weil das *Erlebnis einer Wiedergeburt* nach Auffassung zahlreicher Religionen und esoterischer Glaubensschulen eine »Wiedergeburt aus Wasser und Geist« bedeutet. Dabei ist es interessant festzustellen, daß Geist (= Element Luft) nicht nur über den Wassern schwebt, sondern auch bereits *im* Wasser ent-

Die vier Elemente

Feuer

bedeutet Lebensfeuer, Lebensenergie, Begeisterung und Lebendigkeit. In der Natur sind es vor allem die Sonne, Feuer aller Art und Blitze, die in ihren verschiedenen Erscheinungs- und Wirkungsformen die Kraft des Elements Feuer zur Geltung bringen. Im menschlichen Verhalten verleihen besonders die *Daseinsfreude*, der *Wille* und die *Intuition* der Feuerkraft Ausdruck.

Weitere Merkmale des Elements Feuer: Lebenslust und Selbstbehauptung, Zeugungs-, Schaffens- und Gestaltungskraft, Einsatzbereitschaft und Macht, Durchsetzungsvermögen. Charakteristisch für das Element Feuer sind Entschlüsse und Taten. Schwierige Situationen (»Feuerproben«) werden gemeistert, indem man etwas tut: »*Es muß etwas geschehen.*«

Zum Element Feuer gehören die Tierkreiszeichen Widder, Löwe und Schütze.

Wasser

bedeutet Lebenselixier, Lebensfülle, Seele und Seligkeiten. In der Natur bringen der Mond sowie Gewässer jeder Art die Kraft des Elements Wasser zum Ausdruck. Im menschlichen Verhalten sind es vor allem das *Gefühlsleben*, die *persönlichen Bedürfnisse* und *Leidenschaften*.

Weitere Merkmale des Elements Wasser sind Mitgefühl, Eingebungen, Träume, Stimmungen und das Unbewußte. Charakteristisch für das Element Wasser sind Offenheit und Hingabe. Schwierige Situationen (»sich freischwimmen müssen«) werden gemeistert, indem man die Gefühle prüft: »*Auf die richtige Einstellung kommt es an.*«

Zum Element Wasser gehören die Tierkreiszeichen Krebs, Skorpion und Fische.

Luft

bedeutet menschliche Atmosphäre, Lebensgeister, geistige Energie und Gedankenwelt. In der Natur sind es der Luftraum und die Erdatmosphäre und im übrigen die Sterne (die durch die irdischen Luftschichten erst für uns funkeln), die die Kraft des Elements Luft in seinen verschiedenen Formen zur Geltung bringen. Im menschlichen Verhalten sind es besonders *Denken*, *Wissen* und *Vorstellungskraft*, Bewußtsein und Intelligenz, die dem Element Luft entsprechen.

Weitere Merkmale des Elements Luft: Geistesgegenwart und Gedankenkraft, Begriffe, Werte, Beurteilungen, ästhetische Maßstäbe und Mitteilungskünste. Charakteristisch für das Element Luft: Erkenntnisse und Entscheidungen. Schwierige Situationen (»harte Nüsse«) werden gemeistert, indem man die erforderlichen Lernprozesse bewältigt: »*Jetzt ist es klar.*«

Zum Element Luft gehören die Tierkreiszeichen Zwillinge, Waage und Wassermann.

Erde

bedeutet Materie, Stoff, körperliches Leben und Lebenszyklen, insgesamt die materiellen Lebensverhältnisse. In der Natur ist selbstredend die Erde, auf der und von der wir alle leben, Inbegriff der Erdkräfte. Gemeint ist dabei sowohl die Erdkugel als Ganzes wie auch die Erde im Sinne von »Muttererde«, Lehm, Sand, Stein usw. Im menschlichen Verhalten drücken sich die Kräfte des Elements Erde vor allem in *körperlichen Empfindungen* und *Wahrnehmungen* aus.

Weitere Merkmale des Elements Erde: *Praktische Fähigkeiten, angewandte Talente, genutzte Chancen*. Lebensunterhalt, Lebenserhaltung, Fruchtbarkeit, Wachstumskräfte und Natürlichkeit. Charakteristisch für das Element Erde sind Produkte – Fakten und Definitionen. Schwierige Situationen (»Belastungstests«) werden gemeistert, indem man für etwas eine feste Form schafft: »*So kann es bleiben; so ist es nun einmal.*«

Zum Element Erde gehören die Tierkreiszeichen Stier, Jungfrau und Steinbock.

halten ist: Wasser ist H_2O, eben eine Verbindung von Wasserstoff und Sauerstoff.

»Seele des Menschen, wie gleichst du dem Wasser«
(J. W. v. Goethe)

Von der Bedeutungsgeschichte her sind im Symbol Wasser alle Höhen und Tiefen des Skorpions bereits enthalten. Bis in die Frühzeit der abendländischen Kultur läßt sich die Vorstellung vom »Wasser des Lebens« zurückverfolgen. Wenn also beispielsweise Märchen vom Lebenswasser und vom Jungbrunnen erzählen, greifen sie damit nur alte mythische und religiöse Bilder auf. Die Ägypter glaubten, daß das Wasser aus der Todesstarre befreit. Die babylonische Göttin Ischtar mußte in die Welt der Toten hinuntersteigen, um das Wasser des Lebens zu holen. Im biblischen Paradies fließt ebenfalls dieses ganz besondere Elixier. Gott selbst galt den Propheten des alten Testaments als Quelle des sprudelnden Lebenswassers. Neben die lebensspendende Kraft des Wassers tritt die der Reinigung.

Weil das Wasser ein Urelement, einen Ursprung aller Dinge darstellt, symbolisiert das Wiedereintauchen in das Wasser u. a. eine Rückkehr zu verflossenen Urzeiten. In der Evolutionsgeschichte stellt die Zeit des Lebens im Wasser aus menschlicher Sicht eine Vorzeit dar, eine Zeitspanne, die der Entstehung der menschlichen Rasse vorausging. In der Individualgeschichte wiederholt sich im kleinen Maßstab und im Zeitraffer diese gesamte Entwicklung. Denn im Mutterleib macht jeder Mensch bekanntlich den Weg gleichsam von der

Krabbe oder der Kaulquappe bis hin zur Menschwerdung durch, um dann zur Zeit der Geburt das große Wasser zu verlassen. Das Wasser kann für den Menschen daher ein Ort der vollkommenen Geborgenheit, aber auch der vollständigen Umschließung und Gefangenschaft darstellen (wie dies unter anderen Bedingungen auch für das Element Erde gilt). Aus der Sicht eines freien, selbstbewußten Menschen, der den aufrechten Gang und die frische Luft schätzen gelernt hat, bedeutet die Rückkehr zum Wasser und ein gänzliches Wiedereintauchen in das nasse Element durchaus eine Art Selbstaufgabe. Das Wasser besitzt von daher auch einen bedrohlichen Charakter, der in Bildern und Geschichten der Vernichtung Ausdruck gefunden hat: etwa im Mythos der Sintflut; in den Erzählungen von Jonas und anderen, die von einem Wal verschlungen werden; sowie in entsprechenden Berichten von Überschwemmungen, Sturmfluten u. a. m.

Aus diesem Grund ist das Wasser seit alten Zeiten zwar Lebensquelle, aber auch ein »Wasser des Todes«. Wir sollten diese doppelte Bedeutung des Wassers unbedingt beachten. Wünsche und Sehnsüchte, die davon handeln, zur »Ureinheit« zurückzukehren, in das (große) Wasser einzutauchen, eine vollständig umhüllende Geborgenheit oder versicherte Sicherheit zu besitzen, können jedesmal bewußte oder unbewußte Wünsche nach Selbstpreisgabe, die Gefahr eines drohenden Ich-Verlustes signalisieren. Davor muß man sich schützen. Wie ein Fisch im Wasser zu leben, (muß nicht, aber) kann auch ein Leben auf einer Stufe bedeuten, auf welcher die eigentliche Menschwerdung noch nicht begonnen hat.

Sobald wir uns dieser Gefahren des Wassers bewußt

sind, können wir es in einer weiteren Bedeutung erfahren. Schon die Bibel kannte dieses Element als »Wasser der Weisheit« (Sir 15,3). Die bewußte Rückverbindung zur Quelle, das Eintauchen ins Wasser – um wieder und neu aufzutauchen, stellt einen Akt der Wiedergeburt dar. Die christliche Taufe wurde in ihren frühen Zeiten nicht an Kindern, sondern von Erwachsenen vollzogen, die zu diesem Zweck in ein Gewässer oder ein Taufbekken stiegen, in das sie mehrmals vollständig eintauchten. Dieser Taufritus ist in ähnlichen Formen aus vielen Religionen und Einweihungsschulen bekannt. Er bedeutet vordergründig eine Reinigung. Im tieferen Sinne vermittelt jede Taufe oder Wassereinweihung eine Erfahrung von Tod und Auferstehung. Durch den Wiedereintritt in die Wasserwelt erlebt das gewohnte, bisherige »Ich« eine Auflösung; es erfährt auf einer sehr ursprünglichen Stufe seine Verbundenheit mit und seine Ähnlichkeit zu allen Lebewesen. Damit werden die Grenzen eines jeden individuellen Lebens spürbar, was auch die Gewißheit des Sterbens zu einer erlebten Realität der eigenen Person macht. Der Witz und die befreiende Wirkung an diesen Erfahrungen liegt nun im Wiederauftauchen: In einer Neugeburt, welche nunmehr ein Bild des eigenen »Ich« besitzt, worin eine allzu starre Fixierung auf das Ego aufgegeben und ein fließender Begriff einer erweiterten Individualität gewonnen ist.

Damit erklärt sich auch, warum der Skorpion in der Tierkreissymbolik einem Wasserzeichen zugeordnet wird, obwohl doch die Skorpion-Tiere zumeist nicht im Wasser hausen: Es ist die besondere Beziehung zu Tod und Wiedergeburt, welche das Element Wasser und den Skorpion verbindet.

Die Läuterung der Wassertaufe schenkt u. a. die Gaben des Mitgefühls und der Betroffenheit. Man lernt, sich in andere Menschen, Dinge und Ereignisse einzufühlen sowie Wünschen und Ängsten eine wache Aufmerksamkeit zu widmen. Damit werden aber im persönlichen Leben ganz neue Möglichkeiten greifbar, eine zuvor ungeahnte Lebensqualität wird geweckt. Sie stellt ein persönliches *Lebensgefühl* her, das »sich gewaschen hat«.

Jedes Symbol wirkt auf konkreten und auf übertragenen Ebenen. Alles, was bisher über das Wasser ausgeführt wurde, läßt sich konkret auf das fühlbare Naß ziehen. Damit bekommen vielerlei Alltagserfahrungen eine symbolische Bedeutung. Lust oder Unlust beim Schwimmen und speziell dabei, den Kopf unter Wasser zu tauchen, können der persönlichen Einstellung zur belebenden, aber auch auflösenden Kraft des Wassers Ausdruck verleihen. Ein Waschzwang (am eigenen Körper oder an Kleidern, welche u. a. ein Symbol der Selbstdefinition sind) kann einen begonnenen Akt der Taufe oder der Wiedergeburt darstellen, bei dem man ständig »eintaucht« und noch nicht weiß, wie man wieder auftauchen soll. Die Wasserverschmutzung, die wir heute als Altlast erben, aber auch weiter betreiben, zeugt vom bewußten und unbewußten Im-Trübenfischen, welches das äußere Wasser dieser inneren Einstellung gleichmacht. Der Wasserverschmutzung fehlt das *Gefühl* für die Zusammenhänge und für die Konsequenzen. Ein *Verlangen* nach entwickelten Lebensqualitäten ist nötig, um die Gefahren zu mindern.

Im übertragenen Sinne gelten alle Aussagen über das Wasser für das *Seelenleben*. Auch hier gibt es Waschzwang und Wasserverschmutzung, und auch im psychischen Bereich muß man lernen, sich freizuschwimmen. Wie das Wasser, so besitzen auch die Gefühle belebende und bedrohliche Bedeutungen. Der Mensch besteht zu 60 bis 70 Prozent aus Wasser. Wie wir mit den Gefühlen umgehen, entscheidet tatsächlich über unsere »Stimmung«, die über das Wasser im Körper in jede Zelle und aus jeder Pore dringt.

Innerhalb des Wassers wie eines jeden Elements unterscheidet die Astrologie drei Ausprägungen:

- *Ein beginnendes oder kardinales Zeichen*
  Bei diesem geht es um die Beweggründe und die ursächlichen Widersprüche des betreffenden Elements. Hier werden Grundsätze und Leitmotive ausgebildet. – Für das Element Wasser ist dies das Zeichen Krebs.

- *Ein mittleres oder festes, festigendes Zeichen*
  Das sogenannte »fixe« Zeichen betrifft die Mitte, die Verbindungslinien, die Zusammenhänge des betreffenden Elements. Hier werden Muster und Komplexe ausgebildet.
  – Dieses Zeichen ist im Bereich des Wassers der Skorpion.

- *Ein schließendes, veränderliches und schlußfolgerndes Zeichen*
  Hierbei geht es um die Konsequenzen, die Extreme und die Zuspitzungen des betreffenden Elements. Stärken und Schwächen des Elements sind deutlich zu unterscheiden, gehen jedoch auch am ehesten

einen vorschnellen Kompromiß ein. Hier werden Horizonte und Glaubenssätze ausgebildet.
– Die Fische sind das variable Wasserzeichen.

Der Skorpion wird häufig als *Fluß* beschrieben, während der Krebs mit der *Quelle* und die Fische mit der *Mündung* verglichen werden. Der symbolische Ort des Krebses sind Bäche, Seen und Teiche; zu den Fischen gehören die großen Meere; zum Skorpion hingegen – außer den Flüssen – die (tiefen) Brunnen, unterirdische Wasservorkommen und Wasseradern, manchmal auch Häfen. In Betracht kommen ferner die Zuordnung des Zeichen Krebs zu Tau und Wasserguß, der Fische zu Nebel, Dunst und Regen sowie des Skorpions zu Wolken und zu festen Wasserzuständen wie Hagel, Schnee und Eis.

Festes Wasser

Der Skorpion bezeichnet »fixes« Wasser. Für das menschliche Verhalten bedeutet dies: Der Skorpion ist ein Ausdruck für das Zentrum unserer Gefühle, für die Muster und Zusammenhänge im seelischen Bereich. Ein starker Skorpion-Anteil deutet auf feste, aufgeklärte oder aber auf fixierte, verhärtete oder verselbständigte Gefühle bei einer Person hin. Kein anderes Tierkreiszeichen ist sich seiner Gefühle so sicher wie der Skorpion, und kein anderes wird immer wieder so überrascht wie er von neuen, unbekannten Gefühlen!

Tatsächlich besitzt er ein Gespür für feine Stimmungen und seelische Schwingungen. Durch diese Sensibilität ist es der Skorpion, der uns eine fundierte Menschenkenntnis und reife Urteile ermöglicht. Wenn wir den Skorpion in uns zum Zuge kommen lassen, führt uns die feine Wahrnehmung von Emotionen und Instinkten oft zu mutigen Ideen und Inspirationen, über die wir selbst staunen. Insgesamt schenkt uns der Skorpion eine ausgezeichnete »Ader« für Situationen, eben für die Qualität der Zeit. Mit einem entwickelten Skorpion-Anteil verstehen wir es, Chancen zu nutzen und Unvermeidliches zu akzeptieren, erfüllt von einem lebendigen Gefühl, das uns ganz durchdringt und ein Bewußtsein der persönlichen Würde verleiht.

Wenn der Skorpion seine gefühlsmäßige Offenheit mit innerer Festigkeit verbindet, gelingt ihm eine gute Mischung von

- Zuneigung und Abgrenzung,
- Opferbereitschaft und Anspruchshaltung,
- Hingabe und Kampfeslust,
- Beschränkung (auf das Echte) und Überfluß (an befriedigten Wünschen).

Für Männer, die starke Skorpion-Seiten besitzen, ist es in der Männerwelt nicht unbedingt leicht, so »nahe am Wasser gebaut« zu haben. Beliebte Abwehrmuster bestehen besonders bei Skorpion-Männern darin, einerseits den »Geist über dem Wasser« zu spielen – einen geistigen Überflieger, der sich nicht »naß« macht, der aber auch seine Betroffenheit und sein Lebenselixier nur aus der Ferne kennt. Dann kann der Skorpion ein scheinbar vergeistigtes Leben führen, er kann sich zum Prinzipienreiter entwickeln und extrem rechthaberisch und kontrollierend wirken. Trotz aller verbissenen oder listigen Härte bleibt er in diesen Fällen aber im Grunde ohnmächtig. Denn ohne wirklichen Kontakt zum Wasser und zum Seelenleben ist der Skorpion ohne Stachel und ohne Biß.

Ein anderes Verhaltensmuster zeigt sich im Abtauchen und im Bestreben, sich in einer Unterwasserwelt einzurichten. Heimlichkeiten, Leben und Wirken im Hinterzimmer oder im Untergrund können dieser Tauchstation entsprechen. So darf denn in keiner Beschreibung des Skorpions die Nachtwelt der Agenten und Spione, der Zuhälter und Verschwörer, der Gangster und Verräter fehlen. Bedeutungsvoller als diese reißerischen Skorpion-Ableger, ist für viele Skorpione aber die Vermischung und Verwechslung von Traum und Realität. Der Skorpion neigt dazu, hoch- oder tiefzustapeln, und mehr als jedes andere Zeichen gibt er seine Version nicht nur vor, sondern *lebt* auch in ihr. Trotz aller Heftigkeiten zwischen Liebe und Haß, zwischen Wut und Weinerlichkeit erreicht der Skorpion auf diese Weise durch seine Gefühle nicht allzuviel. Wenn ihm seine Gefühle wichtig sind, braucht er auch Distanz zu ihnen. Wenn er seine Träume verwirklichen will, so geht das nicht im Traum.

Skorpion-Frauen fühlen sich nicht selten ausgesetzt oder alleingelassen, wie weiland Moses und so manche Märchenfigur, welche im Binsenkörbchen dem Lauf von Wind und Wellen übergeben wurden. Im Problem liegt jedoch manchmal schon die verborgene Lösung: Der Binsenkorb zeigt, daß ein Gefährt notwendig ist – ein Schiff, ein Hausboot usw. Man braucht allerdings ein Wasserfahrzeug, das man selber steuern kann, mit welchem man dem Fluß folgen, sich treiben, aber auch gegen den Strom schwimmen oder an einem Platz vor Anker gehen kann. Das Schiff, das uns auch bei den Tarot- und den Traumsymbolen des Skorpions begegnet, bedeutet, daß man sich Haus und Heimat auf dem Wasser baut. So behält man die Geborgenheit, die früher nur *im* Wasser zu finden war, und gewinnt dennoch Oberwasser; das unfreiwillige Ausgeliefertsein wird ersetzt durch die selbstständige Bewegung im Fluß.

Bade- und Trinkkuren sollten wir dem Skorpion in uns zuliebe immer wieder pflegen. Egal, ob nach Pfarrer Kneipp, ob in der Badewanne allein oder zu zweit, ob mit sprudelndem Wasser aus dem Tiefbrunnen oder mit »Eau de vie« (»Wasser des Lebens«, französisch für Spirituosen). Das bildet den Geschmackssinn, eines der besondern Talente des Skorpions; es gibt den Skorpion in uns seinem Wasserelement zurück und beflügelt seine Begeisterung.

Der doppelte Pluto

Nach dem Element des Skorpions nun zu seinen Planeten. (Auf den dritten Baustein der Typenbildung – die Stellung im Jahreskreis – werden wir im Tarot-Kapitel auf S. 63 zu sprechen kommen.) Der Herrscher des Skorpions ist Pluto, und Uranus ist im Skorpion erhöht. Unter »Herrschaft« wird astrologisch ein prägender Einfluß verstanden: Durch die Definition des herrschenden Planeten wird auch der Charakter des betreffenden Zeichen bestimmt und umgekehrt. Pluto ist nun einer der interessantesten Planeten, sowohl der Astrologie wie der Astronomie, einfach deshalb, weil er erst 1930 entdeckt wurde, also noch »neu« ist. Allerdings muß sogleich gesagt werden: So einzig-dämonisch, wie er in verschiedenen astrologischen Darstellungen abgehandelt wird, ist der Pluto nicht. Zu den Spielregeln der

Astrologie zählt die Voraussetzung, daß die einzelnen Zeichen und Planeten in ihren Inhalten, Bedeutungen und Bewegungsverläufen sich durchaus unterscheiden; daß aber die Wertigkeit, die Bedeutsamkeit der Zeichen und Planeten untereinander grundsätzlich gleich sind: Kein Tierkreiszeichen ist per se wichtiger als ein anderes; kein astrologischer Planet ist von sich aus besser oder schlechter als ein anderer. Was natürlich nicht ausschließt (sondern im Gegenteil erst ermöglicht), daß das individuelle Horoskop ganz bestimmte Schwerpunkte und andererseits Leichtgewichte aufzeigt.

Vor der Entdeckung des Pluto galt Mars als Regent des Skorpions. Noch heute wird von manchen Astrolog(inn)en der Mars diesem Zeichen als Mitherrscher beigegeben, vielfach Pluto auch als höhere Oktav des Mars aufgefaßt. Die Entdeckung des neuen Planeten, der während der Zeit, in welcher er errechnet, aber noch nicht gesichtet worden war, den schönen Namen »Planet X« trug, erfolgte durch den Amerikaner Clyde W. Tombaugh. Der zu der Zeit 24jährige frühere Farmer (mit Geburtssonne im Wassermann) hatte mit großer Energie Fotografien von bestimmten Himmelsabschnitten untersucht. Er prüfte Millionen fotografierter Sternabbildungen, bis er am 18. Februar 1930 den winzigen Bewegungspunkt fand, den er suchte und der einen neuen Planeten darstellte. (Ein treffendes Beispiel dafür, was es heißt, »den eigenen Stern« zu suchen und zu finden!) Etliche Jahre zuvor hatten zwei Forscher unabhängig voneinander (P. Lowell und W. H. Pickering) die Lage des Wandelsterns errechnet. Nachdem der Planet X nun entdeckt war, fanden sich im nachhinein Fotoaufnahmen zahlreicher anderer Sternwarten, die bis ins Jahr 1914 zurückreichten. Auf diesen war der neue Planet bereits enthalten gewesen; aber man hatte ihn noch nicht erkannt. Es ist in der Astronomie wie bei der Suche nach dem persönlichen »Stern«: Um den gesuchten Stern zu finden, müssen (bekannte) Fakten auf neue Art gesehen werden.

Im Laufe der astronomischen Erkundung ist Pluto seit 1930 immer »kleiner« geworden. Man hatte einen Riesenstern vermutet, nach derzeitigem Erkenntnisstand ist er jedoch noch viel kleiner als Merkur. 1978 wurde der Pluto-Mond *Charon* entdeckt. – Über die *astrologische* Bedeutung des Pluto wird ebenfalls noch eifrig diskutiert. Dabei können zwei Eckwerte der Interpretation festgehalten werden:

- Pluto besitzt als mythische Gestalt eine Doppeldeutung: *Plutos* ist in der griechischen Mythologie der Gott des Reichtums, *Pluton* der Gott der Unterwelt.

- Pluto ist ein Symbol für eine neue Bewußtseinsstufe im menschlichen Verhalten.

Pluto im Mythos

Der Name »Pluto« bezieht sich in der griechischen Mythologie auf zwei selbstständige Gottheiten: Plutos und Pluton. Beide haben etwas Gemeinsames – den fast identischen Namen und eine Beziehung zur »Unterwelt«; aber beide unterscheiden sich in der Bedeutung und werden im übrigen vom Mythos als verschiedenartige Götter dargestellt. Es beruht auf Unkenntnis oder Mißverständnis, wenn der größere Teil der astrologischen Literatur nur den Pluton, der auch Hades heißt, zur Interpretation heranzieht.

- *Plutos*, der Gott des Reichtums, ist ein Sohn der Erd-
göttin Demeter und des Menschen Jasion (welcher
als erster Sämann galt). »Plutos« wird übersetzt mit:
Reichtum, Überfluß, großes Vermögen, *Schatz*,
Glück, Gewinn und Segen. »Plutokratie« bedeutet
»Herrschaft der Reichen« oder des Reichtums. In
lockerer Verbindung zum Wort »Plutos« steht das
»Plus«, welches im Lateinischen »mehr« und im
Altgriechischen »günstiger Wind, günstige Fahrzeit«
heißt.

Plutos wurde meist als Knabe mit einem Füllhorn
voll goldener Früchte dargestellt, begleitet von der
Schicksalsgöttin Tyche und gelegentlich von der
Friedensgöttin Eirene (Irene). Die griechische Göttin
Tyche ist gleichbedeutend mit der römischen Schick-
salsgöttin Fortuna.

Glück und Segen, Reichtum und günstiges Schick-
sal – dies bedeutet Plutos. Als Kind der Erdgöttin
und des Sämanns verkörpert er die Fruchtbarkeit des
Ackers, welche seinerzeit (neben der menschlichen
Arbeit) die Hauptquelle des Reichtums darstellte. In
Plutos kommen die inneren und »verborgenen«
Kräfte der Erde in ihrer produktiven Seite zur Gel-
tung.

- *Pluton*, der zweite Namenspate unseres Pluto, ist
nicht so sehr ein Gegenspieler des erwähnten Plutos,
als vielmehr ein anderer Aspekt jener Kräfte, welche
in der Erde enthalten sind. Pluton war ein Beiname
des Hades, des Gottes der Unterwelt. Hades
herrschte gemeinsam mit seiner Gemahlin Persephone, die er einst geraubt hatte, über das *Reich der
Schatten und der Verstorbenen*. Hades war ein Bru-

der von Zeus und Poseidon, ein Enkel von Uranus; in der nachhomerischen Zeit wurde auch das unterirdische Schattenreich insgesamt Hades genannt.

Für die heutige Interpretation ist es aus mehreren Gründen wichtig hervorzuheben, daß Hades, die Welt der Schatten, kaum etwas mit späteren (christlichen) Höllen- und Teufelsvorstellungen gemeinsam hat. Bei Homer (Ende des 8. Jahrhunderts v. Chr.) leben die Toten im Hades als Eidola weiter. »Eidola« – davon stammt unser Wort »Idole« – sind bloße Schattenbilder, wesenlose Seelen der Verstorbenen ohne Macht in bezug auf die Lebenden. Der Hades selbst wird – von Ausnahmen wie Sisyphos und Tantalos abgesehen – nicht als Ort der Strafe oder Belohnung verstanden, sondern schlicht als Wohnstätte der Seelenschatten. Erst in späteren Zeiten entwickelt sich die Vorstellung von den drei Richtern, welche im Hades die guten Seelen ins Elysium, die bösen in den Tartaros und die weder-gut-noch-bösen auf die Asphodeloswiese versetzen.

Pluton, der Gott Hades, ist im heutigen Sinne weder Beelzebub noch Teufel; er ist wirklicher Schatten. Wo er in den Mythen auftaucht, löst er *Furcht* aus. Sein Merkmal ist die *Unsichtbarkeit* und speziell die *Gesichtslosigkeit*. Er besitzt eine Tarnkappe aus Hundeleder, was an den Totengott der Ägypter, den Anubis, erinnert; dieser wurde u. a. als Mensch mit Hunds- oder Schakalskopf dargestellt, er begleitete im ägyptischen Glauben die Seelen auf ihrer Wanderung zur Wiedergeburt. Der griechische Mythos kannte ursprünglich *keine* Vorstellungen von Seelenwanderung und Wiedergeburt. Er war ganz auf das Diesseits (welches von der Allgegenwart der Götter erfüllt war) ausgerichtet.

Erst später, nach 700 v. Chr., lebten mit der sog. Orphik und dann mit den Pythagoreern der Glaube an Wanderung und Wiedergeburt der Seelen auf.

Das Wort Hades steht mit folgenden übersetzten Bedeutungen in Verbindung:

- unsichtbar, dunkel, finster, unbekannt, heimlich, geheim; unsichtbarmachend, vernichtend; nicht anzusehen, unerträglich; schamhaft, bescheiden, ehrerbietig, ehrenwert;
- Scham, Schamteile, Blöße, Ehrfurcht;
- ewig, immerwährend, dauernd.

Fazit: Pluto, der die Bedeutung des Zeichens Skorpion bestimmt, bezieht sich auf die Welt des Reichtums und das gute Schicksal sowie auf die Welt des Schattenhaften, Unsichtbaren und Ewig-Unbekannten.

Pluto heute: Verwandlung und große Umgestaltung

Die Entdeckung des Planeten Pluto hat die bekannten Grenzen unseres Sonnensystems weit hinausgeschoben. Astrologisch bedeutet dies eine erhebliche Umgestaltung des Welt- und Menschenbildes: Mit Pluto werden die Scham- und die Schattengrenzen und der Begriff des (menschlichen) Reichtums neudefiniert. Bis 1930, als Pluto »sichtbar« wurde, markierte Neptun die äußerste Grenze. Vieles, was bis dato *jenseits* von Neptun lag, wurde nun plötzlich zu einem Diesseits – nämlich von Pluto. »Neptun« stellt astrologisch die Kräfte des kollektiven Unbewußten, der großen Stimmungslagen und der »ozeanischen Gefühle« dar. Neptun regiert in den Fischen, deren Definition »Ich glaube« lautet. Neptun ist erhöht im Zeichen des Krebs, das mit seiner Definition »Ich fühle« u. a. die Bedeutung der Subjektivität und der individuellen Persönlichkeit betont. Somit lassen sich folgende weitreichende Bedeutungen des Pluto bestimmen: *Vieles von dem, was im Glaubensleben als Jenseits galt, wird nun zum Gegenstand einer »diesseitigen« Erfahrung. Vieles von dem, was den Glauben und was die einzelne Person sowie das Subjektiv-Erfaßbare übersteigt, gehört nun zum inneren Bereich unseren (Sonnen-) Systems.*

Pluto erfordert eine Offenheit für und eine Auseinandersetzung mit »Eckwerten« und »Grenzerfahrungen«, welche bis in die Anfänge dieses Jahrhunderts so selbstverständlich, so heilig oder so tabuisiert waren, daß sie bis dahin »kein Thema« waren. Vieles, was vormals (und zum Teil seit Urzeiten) im Schatten lag, ist zutage getreten, und dieser Prozess der Offenbarung verborgener Seinsbereiche hält weiter an. Die Psychoanalyse hat insbesondere die Triebe und die Instinkte sichtbar gemacht: Die Sexualität und andere elementare Antriebe und Bedürfnisse. Die Tiefenpsychologie hat ganze Archive von versunkenen Bildern, Archetypen und Urerfahrungen ausgegraben und aus dem Unbewußten hervorgehoben. Zahlreiche Personen und gesellschaftliche Strömungen haben zu neuen »Gottes«-, Sinn- und Freiheits-Erfahrungen, zu neuen Paradiesvorstellungen gefunden, haben eigene Namen und Begriffe für diese »äußersten« Realitäten entdeckt.

Pluto – und damit der Skorpion – führen an Schattenbereiche und Schatzkisten heran. Während in den letzten Jahren oft die positiven Seiten des Schattens, des Unbewußten oder der »Kraftzentrale Unterbewußt-

sein« betont und überbetont wurden, war die Entdek-
kung des *plutohaften* Unbewußten durchaus *auch* von
Skepsis und Vorsicht begleitet. Problematische Züge
und eine mögliche Gewaltsamkeit jedenfalls waren
dem neuentdeckten Planeten gleichsam mit in die
Wiege gelegt worden. 1930 war eine schwierige Phase
der Weltgeschichte. Nationalsozialismus im Auf-
schwung, der zweite Weltkrieg in Vorbereitung, allerdings auch der Anfang vom Aufbruch der »Dritten
Welt« und das Erwachen des Individiums als Massen-
phänomen. Mit Pluto sind Fragen aufgerissen, die jedes
bisherige Fassungsvermögen übersteigen. Beispiel dafür gibt auch die Kernspaltung, die 1938 erstmals ge-
lang. Hochgefährliches radioaktives Plutonium besitzt
eine Halbwertszeit von mehr als 24000 Jahren! Da-
mals – und auf eine andere Art auch heute – waren und
sind Vorsicht und Gewissenhaftigkeit im Umgang mit
»Pluto« gefragt; der Dreh- und Angelpunkt für die »In-
tegration des Schattens«, d.h. für das Verständnis des
Pluto ist *die Doppelfrage: Wie sollen diese enormen,
vor kurzem noch unbekannten und unvorstellbaren
Energien genutzt werden?* Und: *Wo finden wir neue
Grenzen, nachdem Pluto die alten aufgehoben hat?*

Viele Einzelleistungen in Wissenschaft, Kunst und
Alltagsleben haben in der Zeit zwischen den beiden
Weltkriegen neue Antworten auf diese Fragen gesam-
melt. Die Entdeckung des Planeten Pluto war auch ein-
gebettet in eine äußerst kreative Phase vieler Kulturbe-
reiche. Die neuen Antworten waren nicht kraftvoll genug, nicht ausreichend, um das grausame Elend eines
neuerlichen Weltkrieges (mit zuvor unbekannten Aus-
rottungs- und Selbstvernichtungshandlungen) zu verhindern. Durch die Kriegswirkungen und -folgen sind

viele der Erkenntnisse aus den 1930er und 1940er Jahren verschüttet und, in größerem Umfang, erst ab etwa Mitte der 1960er Jahre wieder aufgegriffen worden. Dieser Prozeß ist nicht abgeschlossen, sondern wir stehen mittendrin.

Die Bandbreite der angesprochenen Veränderungen wirkt sich auf das Verhalten des Typus Skorpion aus. Die Sexualität, die Tiefenpsychologie sowie Erfahrungen von Abgründen und Paradiesen sind Schlüsselenergien des Skorpions, Schlüsselbegriffe zum Verständnis seines Verhaltens. Der Skorpion in uns kommt mehr als andere Zeichen mit großmächtigen und mit kollektiven Energien in Berührung. So steht er auch mehr als andere vor der Aufgabe, sich mit kollektiven Ereignissen und Prozessen auseinanderzusetzen. Der Skorpion braucht ganz besonders *einen bewußten Begriff davon, was in vielen Seelen vorgeht.*

Traditionelle Beschreibungen des Skorpions weisen auf diese – heutige – Aufgabe bereits hin. Immer wieder finden wir in älteren Darstellungen den Skorpion als »faustischen« Forscher, als besessenen oder aber unerschrockenen Wahrheitssucher; als Detektiv(in); als eine(n), der oder die das »Skelett«, d.h. die Struktur und den Zusammenhang der Erscheinungen sucht. Und auch die sarkastische Äußerung von W. Döbereiner, der Skorpion sei einer, der *Seelen sammele*, bekommt ihren wahren Sinn durch die Aufgabe, sich bewußtzumachen, was viele Seelen bewegt.

Seit alters werden in der astrologischen Medizin dem Skorpion das »Sakralchakra«, die elementaren Energien aus dem tieferen Unterleib zugeordnet. Die Geschlechts- und die Ausscheidungsorgane, das untere Ende der Wirbelsäule (Kreuzbein und Steißbein) und der untere Darmbereich gehören dazu. Alles, was sich in diesem Bereich körperlich abspielt, kann persönlich und psychologisch mit dem Skorpion in unmittelbarer Verbindung stehen. Zugleich ist diese »tiefe« körperliche Betroffenheit ein Sinnbild für den seelischen Wunsch des Skorpions in uns, mit den tiefsten und innersten Energien zu leben und aus ihnen heraus zu handeln.

Wir wollen diese anspruchsvollen Energien nicht auf der Erde kriechen lassen wie eine Schlange und auch nicht im Bereich der tierischen Instinkte belassen, wie dies beispielsweise in der Hundefigur des Pluto als Freund der Mickymaus zum Ausdruck kommt. Der Skorpion ist ein Brunnen in uns, aus dem wir Energie schöpfen können, *wenn* wir sie emporholen. Der Weg für diese Nutzung und Aufhebung unserer ursprünglichen Energien wird in der Astrologie u. a. als *Erhöhung* angegeben.

Der Weg der Wünsche

Der Pluto, der im Skorpion herrscht, ist im Löwen erhöht. Die Definition des Löwen lautet »Ich will«. Pluto bringt im Skorpion Begehren und Wünsche hervor. Diese Wünsche erleben auf dem Weg ihrer Anwendung viele Proben, Versagungen und Bestätigungen, bis sich die Wünsche zum gereiften und stimmigen *Willen* mausern. (Diese Läuterung der Wünsche wird zum Beispiel von zahlreichen Märchen beschrieben. Wir werden dazu in den folgenden Kapiteln mehr erfahren.) Auf jeden Fall ist mit der Erhöhung des Pluto im Löwen ein deutliches Ziel erkennbar, worauf wir unsere geheim-

Die Erhöhung der Planeten

Jeder Planet besitzt in der Astrologie ein Zeichen, in welchem er erhöht steht. In erhöhter Position sind der betreffende Planet wie das betroffene Zeichen besonders stark; allerdings erfahren beide – Planet und Zeichen – im Vorgang der Erhöhung Veränderungen und Verwandlungen. Die Erhöhung gehört ebenso zum klassischen Repertoire der Astrologie wie die einfache Herrschaft eines Planeten in einem Zeichen. Dennoch verzichten erstaunlicherweise nicht wenige astrologische Werke auf die Behandlung der erhöhten Planetenstellungen. Die Charakteristik eines Zeichens wird jedoch durch die Beachtung des herrschenden *und* des erhöhten Planeten erst im ganzen Umfange verständlich. Die nachfolgende Tabelle gibt eine Zusammmenstellung der üblichen Erhöhungen.

Mancherorts ist es Mode geworden, vom Kontakt zum Höheren Selbst zu sprechen. Dabei bleibt häufig unklar, wer oder was dieses Höhere Selbst ist. Die Erhöhung der Planeten in den einzelnen Zeichen gibt dagegen konkrete Wege der Wandlung und Höherentwicklung an.

Planet	*herrscht in*	*und ist erhöht in*
Sonne	Löwe	Widder
Mond	Krebs	Stier
Merkur	Zwillinge und Jungfrau	
Mars	Widder	Steinbock
Venus	Stier und Waage	Fische
Jupiter	Schütze	Krebs
Saturn	Steinbock	Waage
Uranus	Wassermann	Skorpion
Neptun	Fische	Krebs
Pluto	Skorpion	Löwe

nisvollen und leidenschaftlichen Energien, welche im Skorpion in Erscheinung treten, richten können.

Für den Skorpion in uns führt das Begehren auf dem Weg der Erhöhung zu Uranus, der v.a. folgende Bedeutungen vertritt: Persönliche und gesellschaftliche Freiheit, Mut zur Unkonventionalität, Offenheit, geistige Schärfe und Brillanz, Unmittelbarkeit im Kontakt zu sich und anderen.

Ein persönlicher Wille, der aus dem Schattendasein hervortritt (Pluto in Erhöhung), und eine persönliche Freiheit, die sich »mit allen Wassern gewaschen« hat (erhöhter Uranus), sind die besten Leitsterne für den Skorpion in uns. Wenn der Skorpion seine Wünsche auf den Weg bringt und wenn er sich von seinem Begehren bewegen läßt, werden ihm die Schattenbereiche des Lebens – in denen er unbewußt schon immer zu Hause war – bewußter. Obwohl diese Erkenntnis einen Fortschritt darstellt, läuft er auch Gefahr, sich diesen Schattenseiten anzuverwandeln, *falls* er auf halbem Wege in der Grauzone stehen bleibt. Er kann dann eine Nörglerin oder ein furchtsamer Besserwisser sein. Nichtsnutzige »Unkenrufe« kennzeichnen einen unentwickelten Skorpion, ebenso die Neigung zu Unklarheit und Undurchsichtigkeit. Im Extrem kann es den Skorpion auch zu einer Glorifizierung alles Schattenhaften und Unwirklichen führen.

Der Schatten besitzt keinen Selbstzweck. Der Zweck des Schattens ist die Bewußtwerdung des Selbst. Der Schatten umfaßt die fortlebenden Kräfte der Vergangenheit und die werdenden, aber noch ungeborenen Realitäten der Zukunft. Nur wenn es gelingt, die Schatten der Vergangenheit und die Schatten, welche die Zukunft vorauswirft, als solche zu verstehen und in einer bewußten Gegenwart aufzuheben, lohnt sich die Auseinandersetzung mit dem Schatten. Dann gewinnt unser Leben eine Tiefe und einen Reichtum, die unbezahlbar – weil einmalig – sind.

»Einmalig wie wir alle«

Der Skorpion
in den Bildern des Tarot

»Einmalig wie wir alle« betitelte Peter Rühmkorf einen seiner neueren Gedichtbände. Das Geburtszeichen des Dichters ist Skorpion, und auf treffende Weise kommt in jenem Titel sowohl die faszinierende Einzigartigkeit wie auch die gemeinschaftsstiftende Rolle des Einmaligen zur Geltung… Im Begriff des Einmaligen schwingt ein Doppelsinn mit. Das Einmalige ist einerseits das Vorübergehende, das Belanglose, die Ausnahme, das Unerhebliche. In diesem Sinne ist es ein flüchtiger Schatten, eine Randnotiz. Einmalig ist aber auch das Außergewöhnliche, das Enorme, das hervortretende und zur evidenten Wirklichkeit gewordene Geheimnis. So verstanden, ist das Einmalige reinstes Lebenselixier, Leben pur, ein gesteigertes Lebensgefühl. Das Einmalige setzt Werden und Vergehen voraus. Im Erleben des Einmaligen ist der Augenblick Ewigkeit, der Kreislauf von Tod und Wiedergeburt kommt scheinbar zum Stillstand – in Wahrheit findet er hier, im Zauber des Einmaligen, seine erhebende Krönung.

Das Vergängliche und das Ewige eines Augenblicks schlägt uns als Skorpione in Bann. Das Verlangen nach dem möglichst ungeteilten Erleben des Augenblicks bildet den einzigen relativ stabilen Bezugspunkt im Verhalten des Skorpions. Verschiedene Autorinnen und Autoren haben darauf hingewiesen, daß der Skorpion in seinem Verhalten über ein großes Spektrum von alternativen Möglichkeiten verfügt. Äußerlich erscheinen die wechselnden Verhaltensstile des Skorpions tatsächlich recht undurchsichtig; er kippt scheinbar von einem Extrem ins andere. Dazu eine hübsche Beschreibung von Christiane von Wiese:

»Unter der beherrschten Oberfläche sind seine Gefühle ebenso heftig und affektiv wie ambivalent: ein Schwanken zwischen Haß und Liebe, leidenschaftlicher Zuneigung und krassem Ekel, enthusiastischer Bejahung und schroffer Ablehnung, hitziger Intensität und eisiger Indifferenz. Die Skala der seelischen Verhaltensweisen dieses mittleren der drei Wasserzeichen ist breit: er kann sich ›lieb‹ und verträglich geben wie der Krebs-Typus und sensibel-nachgiebig wie der Fische-Typus, wird aber selbst bei weichen Reaktionen seinen marsischen Durchsetzungswillen nie ganz aufgeben – und sei es, daß er das ehrgeizige – uneingestandene – Ziel verfolgt, der ›Liebste‹ oder Sensibelste von allen zu sein. Auch die Spannweite seiner Handlungen ist groß, liegt zwischen den Polen exzessiven Sichauslebens und radikaler Askese.«

Eine verwirrende Vielfalt des Verhaltens! Dahinter steht jedoch ein gemeinsamer Nenner: eben die Suche nach dem Echten, nach der Stimmigkeit des Augenblicks.

Wir werden uns nun in die Bilderwelt des Tarot begeben. Dort treffen wir die Faszination des Einmaligen als Thema jener Tarot-Karten an, welche speziell dem Tierkreiszeichen des Skorpion zugeordnet werden. Bildern von Tod und Wiedergeburt, von Verzauberung und Erlösung werden wir begegnen und dabei einige überraschend hilfreiche Deutungsangebote kennenlernen, welche die Tarot-Symbole für den Umgang mit solch »schweren« Themen wie Tod und Loslassen anbieten.

Unabhängig von den bestimmten Tarot-Karten des Skorpions treffen wir auf den Zauber des Einmaligen beim praktischen Kartenlegen. Dabei arbeiten wir gezielt, auf eine bestimmte Frage hin, mit dem »Zufall« und erleben die mögliche Tiefe, die Bedeutsamkeit des Augenblicks. Hinweise darauf, was man beim Kartenlegen erleben kann, finden sich in einem zweiten Teil dieses Kapitels, ab Seite 92.

Tarot-Karten für den Skorpion

Jedem Tierkreiszeichen werden je sechs bestimmte Tarot-Karten zugeordnet. Eine Übersicht über die Zusammenhänge bietet die Tabelle auf Seite 61, vgl. a. die Anmerkung auf S. 148 f. Diese Verbindung von Tarot und Astrologie stellt eine inzwischen historische Zuordnung dar, eine Erfindung des berühmten Golden-Dawn-Ordens, der vor rund 100 Jahren diese Systematik entwickelte, welche heute weitgehend anerkannt ist. Zum Skorpion gehören demnach folgende Karten:
- XIII-Tod
- XX-Gericht (Das Äon)
- König (Prinz) der Kelche
- Kelch 5
- Kelch 6
- Kelch 7.

Diese sechs Karten vermitteln *gemeinsam* ein Bild des Skorpions. Für die Abbildungen in diesem Buch wurden die Tarot-Karten von Pamela Colman Smith und

Tarot und Tierkreiszeichen

Widder: IV-Der Herrscher, XVI-Der Turm, Königin der Stäbe, Stab 2, Stab 3, Stab 4

Stier: V-Der Hierophant/Der Hohepriester, III-Die Herrscherin/Die Kaiserin, König der Münzen (Prinz der Scheiben), Münzen/Scheiben 5, 6 und 7

Zwillinge: VI-Die Liebenden, I-Der Magier, Ritter der Schwerter, Schwert 8, Schwert 9, Schwert 10

Krebs: VII-Der Wagen, II-Die Hohepriesterin, Königin der Kelche, Kelch 2, Kelch 3, Kelch 4

Löwe: VIII-Kraft (= XI-Kraft/Lust), XIX-Die Sonne, König (Prinz) der Stäbe, Stab 5, Stab 6, Stab 7

Jungfrau: IX-Der Eremit, I-Der Magier, Ritter der Münzen (Scheiben), Münzen/Scheiben 8, 9 und 10

Waage: XI-Gerechtigkeit (= VIII-Gerechtigkeit/ Ausgleichung), III-Die Herrscherin, Königin der Schwerter, Schwert 2, Schwert 3, Schwert 4

Skorpion: XIII-Tod, XX-Gericht (= XX-Äon), König (Prinz) der Kelche, Kelch 5, Kelch 6, Kelch 7

Schütze: XIV-Mäßigkeit/Kunst, X-Rad des Schicksals, Ritter der Stäbe, Stab 8, Stab 9, Stab 10

Steinbock: XV-Der Teufel, XXI-Die Welt/Das Universum, Königin der Münzen (Scheiben), Münzen (Scheiben) 2, 3 und 4

Wassermann: XVII-Der Stern, 0-Der Narr, König (Prinz) der Schwerter, Schwert 5, Schwert 6, Schwert 7

Fische: XVIII-Der Mond, XII-Der Gehängte, Ritter der Kelche, Kelch 8, Kelch 9, Kelch 10

Arthur E. Waite (sog. *Rider-Tarot*, S. 64 f.), die von Lady Frieda Harris und Aleister Crowley (Crowley Thoth Tarot oder *Crowley-Tarot*, S. 66 f.) sowie eine Ausgabe des traditionellen *Marseiller Tarot* (S. 68 f.) ausgesucht. – Weltweit gibt es derzeit über 300 verschiedene Sorten von Tarot-Karten. Die drei abgebildeten Varianten sind nicht nur mit großem Abstand die populärsten; sie sind auch in der Komposition der Symbole sowie in ihrer psychologischen Wirkung (mit Ausnahme der auf die Crowley-Karten aufgedruckten Titel) recht zuverlässig, – was für einen Teil der eher plakativen oder dekorativen Tarot-Sorten, welche in den letzten Jahren wie Pilze aus dem Boden geschossen sind, nicht immer zutrifft. Generell bieten jedoch die meisten gängigen Tarot-Karten letztlich gleiche Erlebnis- und Erkenntnismöglichkeiten – nur der Zugang zu einer bestimmten Thematik erfolgt, je nach Art der Darstellung, von unterschiedlichen Seiten her. – Wenn Ihnen Tarot-Karten zur Verfügung stehen, nehmen Sie diese bei der Lektüre der folgenden Seiten zur Hand.

Loslassen und ernten

Betrachten wir zunächst alle sechs Karten im Zusammenhang. Tod und Wiedergeburt sind die klassischen Skorpion-Themen, die uns im Tarot – wie in den anderen Symbolsprachen auch – entgegentreten. Abgerundet wird die Kartenfolge durch verschiedene Stationen der *Kelch*-Karten. Die Kelche entsprechen im Tarot dem Element Wasser. In Schattengestalt, Fluß, Schiff und Wolken erkennen wir weitere bereits bekannte Skorpion-Symbole. Die Karte »Tod« eröffnet den Reigen der Skorpion-Karten. Daß es sich hier um die erste (und nicht die letzte) der zugehörigen Karten handelt, mag es erleichtern, vom Tod überhaupt zu sprechen. Ältere Ausgaben des Tarot vermieden es, den Tod beim Namen zu nennen. Wenn aber irgendwo Platz für den »Tod« ist, dann beim Skorpion; wir werden sehen, welche durchaus belebende Vorzüge dies mit sich bringt.

Der Skorpion bildet im Jahrkreis die Herbstmitte. In den Skorpion-Monat fallen auch die Gedenktage Allerseelen und Allerheiligen, Volkstrauertag, Buß- und Bettag sowie Totensonntag. Woher rührt eigentlich diese besondere Beziehung des Skorpions zur Endlichkeit?

Tod und Wiedergeburt vollziehen sich in jedem Augenblick innerhalb eines jeden Lebens. Bei Licht betrachtet, führt es zu einer gesteigerten oder tieferen Lebendigkeit, wenn man sich seines Pulsschlages und der eigenen Zeitlichkeit bewußt wird. Nun liegt es aber in der Natur der Sache, daß Altern, Sterben und Tod die persönlichen Lebenskräfte mindern und aufzehren, sodaß der Gedanke an den Tod oftmals – und nicht nur zu unrecht – weniger als eine Steigerung der Lebendigkeit empfunden wird, denn als eine Lähmung. In diesem Punkt jedoch unterscheidet sich der Skorpion in uns von allen anderen Tierkreiszeichen. Seine Devise läßt sich so zusammenfassen: »Was man nicht vermeiden kann, muß man betonen«. Es ist das besondere Bewußtsein, ein bestimmtes, einmaliges Leben zu führen, daß die Leidenschaft des Skorpions anfacht. Paradox und wahr: Seine tiefe Liebe zur eigenen Existenz und zu den hier und jetzt gegebenen Möglichkeiten ist der Grund für die besondere Vertrautheit des Skorpions mit dem Tod.

Rider-Tarot

Das Rider-Tarot wurde von Pamela Colman Smith und Arthur E. Waite entwickelt und erschien 1910 im Londoner Verlag Rider.
Abbildungen: XIII-Tod und XX-Gericht

*Abbildungen: König der Kelche – Kelch 5 – Kelch 6
– Kelch 7*

Crowley-Tarot

*Lady Frieda Harris und Aleister Crowley stellten
dieses Tarot 1943 fertig. Auf gedruckten Karten
erschien es zuerst 1969 in den USA.
Abbildungen: XIII-Tod und XX-Das Äon*

Prinz der Kelche

Enttäuschung

Genuß

Ausschweifung

*Abbildungen: Prinz der Kelche – Kelch 5 – Kelch 6
– Kelch 7*

Marseiller Tarot

Die hier abgebildete Ausgabe des «Ancien Tarot de Marseille» wurde, auf der Basis älterer Vorlagen, 1930 in Paris veröffentlicht.
Abbildungen: XIII (ohne Namen) und XX-Gericht

ROY · DE · COUPE

Abbildungen: König der Kelche – Kelch 5 – Kelch 6 – Kelch 7

Das Crowley- und das Marseiller-Bild zeigen den »Tod« als Schnitter, wie wir ihn ähnlich aus vielen anderen Darstellungen kennen. Oft wird in Kommentaren dazu die zerstörerische, beendende Arbeit des Sensenmanns hervorgehoben. Als Konsequenz für die persönliche Lebensgestaltung betonen diese Kommentare vorwiegend die Aufgabe, sich im Loslassen zu üben. Aber dies allein ist eine ungenügende, einseitige Betrachtungsweise. Der Schnitter will auch ernten! Er zerstört nicht nur. Er schafft auch Platz für Neues. Er will Früchte nach Hause tragen. Das ist der Beruf des Schnitters. Die Karte aus dem Rider-Tarot macht den gleichen Aspekt in der Erntekrone sichtbar, welche der Schwarze Reiter in seiner Standarte trägt.

Loslassen bedeutet für den Skorpion »Stirb und werde«. Es geht ihm nicht ums Loslassen aus Prinzip oder aus generellen Verzichtsgründen, sondern im Gegenteil um sein Begehren! Er will loslassen, um zu ernten: Alles Überholte, Unechte, Nebensächliche, Unfruchtbare aufgeben oder erledigen, um in diesem seinen Leben das, was reif und fruchtbar ist, zu ernten.

Wenn ein Leben Früchte tragen soll, muß im passenden Rhythmus das Nötige für die gewünschte Ernte getan werden. Bis hin zur ständigen und zur letzten großen Aufgabe, die Ergebnisse eines Lebens für die Zukunft verwertbar zu machen.

Ausgerechnet die Karte des »Tod« macht damit in schöner Weise klar, daß es weder darum geht, den Tod zu verdrängen, noch darum, sich ihm auszuliefern. Darüber steht vielmehr die Berufung zur persönlichen Freiheit und zur Fruchtbarkeit eines gewollten und geliebten Lebens, das im doppelten Sinne des Wortes sich seiner Einmaligkeit bewußt ist.

Der König (Prinz) der Kelche erwirbt im Auf und Ab der Wellen ein sicheres Gefühl für die Wechsellagen des Lebens – ein Gespür, das ihn zugleich von der Macht der Gewohnheit befreit und ihn in seiner Offenheit für die Erfordernisse des Augenblicks bestärkt.

Die erste Skorpion-Dekade (Karte: »Kelch 5«) konfrontiert mit machtvollen Bedürfnissen. Wie die Bilder zeigen können, treten die Kelche in eine (neue) Verbindung ein. Das »Wasser des Lebens« wird besonders in dieser Dekade – durchaus mit Tränen – gesucht oder gefunden.

Die zweite Dekade (»Kelch 6«) kann sehr tiefliegende Gefühlserfahrungen aktualisieren. Man darf sich auf manche Überraschung und vielleicht auch schmerzhafte Erinnerung gefaßt machen. Zugleich bietet sich jedoch die besondere Chance, erlebte Enttäuschungen und Trauer aufzufangen und aufzuheben.

In der dritten Dekade des Skorpions (»Kelch 7«) gilt es schließlich zu prüfen, welche konkreten Chancen man dem persönlichen Glück zu geben bereit ist.

Soweit der erste Überblick über die Tarot-Karten des Skorpions. Im folgenden werden wir die verschiedenen Stationen im einzelnen betrachten.

Heilsame Erkenntnis

Viele »primitive« Gesellschaften besaßen Initiationsriten (Aufnahmeweihen ins Erwachsenenleben), die nach »zivilisierten« Maßstäben sehr schmerzhaft und grausam waren. Manche Einweihungsschule im Ägypten und im Griechenland der Antike pflegte Einweihungsrituale, in denen eine Sterbesituation recht rea-

Abbildungen: Karte XIII-Tod
Rider-, Crowley- und Marseiller Tarot (v.l.n.r.)

listisch simuliert wurde. Hier wurden Schreckmomente benutzt, um ein seelisches Erwachen zu ermöglichen. Nach erfolgter Einweihung sah der Neophyt oder die Initiandin die Welt buchstäblich mit anderen Augen. Er oder sie hatte im Angesicht des Todes eine Erfahrung der unvergleichlichen Qualität des gegebenen, persönlichen Lebens gemacht (wobei allerdings die Antike kein Individium im modernen Sinne kannte). Darin bestand das Erlebnis der Wiedergeburt: die eigene Lebensspanne in ihrem Wert, in ihrer Existenz zu erfahren; nicht das Dasein zu fristen, sondern bei jedem Atemzug auch das erlebte Jenseits als Wurzel und Krone des Lebens in sich zu fühlen.

Heute sind es, trotz aller Veränderungen und Unterschiede der Zeiten, häufig immer noch Schmerzen und Schrecken, welche zu einer bewußteren Begegnung mit dem Tod und der eigenen Endlichkeit führen. Je mehr der Tod kein Thema war, umso schmerzhafter die Ent-Täuschung, wenn er auf die Tagesordnung tritt. Dabei gehört er, wie die Geburt, zum Leben dazu. In den letzten Jahren mehren sich allerdings Bücher und Artikel mit Erfahrungsberichten – z. B. davon, wie Hinterbliebene mit dem Tod ihrer Angehörigen oder Freunde umgegangen sind. Dadurch schließt sich die Lücke wieder etwas, die durch den Bedeutungsverlust der Kirchen eingerissen ist. Wie wir im Tarot auch eine Karte »Der Hohepriester« antreffen (vgl. a. die priesterliche oder bischöfliche Gestalt im Rider-Bild des »Tod«), so ist jede und jeder heutzutage vermehrt gefordert, auch für die großen Geheimnisse des Lebens – Geburt, Hoch-Zeit und Tod – selber Riten und Gebräuche zu entwickeln. Die Trauer über Tod und Verlust ist unvermeidlich. Aber die grausamen Ängste eines *verdrängten* Todes sind unnötig und unwürdig. Das Bewußtsein kann *auf heilsame Weise* dasgleiche erreichen, was in Vorzeiten durch »primitive« Schocks bezweckt wurde.

Der harte Gegensatz von Leben und Tod, den die Schnitterfiguren in den vorliegenden Kartenbildern zum Ausdruck bringen, sowie der scharfe Kontrast von Schwarz und Weiß (im Rider-Bild) setzen starke Energien frei, welche u. a. durch die Sonne im Rider-Bild dargestellt werden. Eine beliebte Frage lautet: Geht sie unter oder auf? Antwort lautet: *Sie ist da*, die Sonne gehört zum Bild »Tod« dazu. Die Sonne bedeutet in der Symbolkunde vor allem Herz, Wille und Bewußtsein. Diese sind erforderlich, um den »Tod« zu erleben und zu erfassen; und Herz, Wille und Bewußtsein leuchten, wenn der Tod gesehen und nicht verleugnet wird. Das Pferd steht für Triebkraft, für Bewegungsdrang – für das, was uns *bewegt*. Die weiße Farbe des Pferdes stellt einen Zustand des reinen Anfangs dar, wie ein unbeschriebenes Blatt, sowie einen Zustand der reifen Vollendung, wie im weißen Licht alle Farben des Spektrums (wieder) integriert sind. Dies bedeutet, daß auch Sterben und Loslassen, Erledigen und Beenden elementare Triebkräfte darstellen; daß das *Wissen um den Tod* einen Neuanfang mit sich bringt wie auch eine persönliche Reife. Fruchtbarkeit und Reife zeigen die Ähren in der Erntekrone (auf der Standarte im Rider-Bild) an. Die fünf Ähren können als Spitzen eines Pentagramms (eines fünfzackigen Sterns) aufgefaßt werden, welches seinerseits Vollendung und persönliche Ganzheit symbolisiert. Mit der Spitze nach unten verdeutlicht das Pentagramm die Aufgabe, die persönliche Quintessenz zu erden und die Früchte des eigenen Lebens der Erde wiederzugeben, auf daß sie weiterwirken können; es warnt aber auch davor, durch ein unreifes Verständnis vom Tod sich nach »unten« drücken zu lassen.

Der Schnitter will ernten. Und der Schnitter sind *auch* wir selbst. Wir sind nicht nur der fallende Halm oder das flatternde Blatt im Herbstwind. Es gibt etwas zu erledigen in diesem Leben. Trauer ist dazu erforderlich, Sonne und Bewegungskraft – sowie auch eine *Sense*: erfaßte und begriffene Aggressionen sowie die Fähigkeit zu einschneidenden Veränderungen. Im Bewußtsein der Endlichkeit zu leben, bedeutet also nicht im ständigen Gedanken an das (eigene) Sterben durchs Leben zu laufen; wohl aber, das Leben im Wissen darum zu gestalten, daß *alles seine Zeit* besitzt. So verlangt und gewährt es die Begegnung mit dem »Tod«, die Zeichen der Zeit für sich zu erkennen und selber Zeichen zu setzen.

Anspruchsvolles Verzeihen

Abbildungen: Karte XX-Gericht/Das Äon
Rider-, Crowley- und Marseiller Tarot (v.l.n.r.)

Es ist zwar weithin üblich, »Tod und Wiedergeburt«
in einem Atemzug zu nennen. Es sind freilich zwei verschiedene Paar Schuhe, so wie »Tod« und »Gericht«
zwei unterschiedliche Stationen des Tarot darstellen.
Dazwischen liegt die Überfahrt des Seelenschiffs, welche die Rider-Karte des »Tod« zeigt und die einen
Niveauunterschied zwischen altem und neuem Leben
bewirkt. Im Tarot führen sieben Schritte von der Karte
XIII zu der XX. Die VII ist gleichbedeutend mit der
Karte VII-Der Wagen. Der Skorpion in uns muß lernen, einen eigenen Kurs zu steuern und etwas zu
»wagen« (nämlich sich selbst und anderen zu vertrauen), um die befreiende Wirkung des »Gerichts« zu
verspüren.

Das traditionelle Bild aus dem Marseiller Tarot erinnert an die christliche Botschaft des Jüngsten Gerichts. Im Rider-Tarot findet sich dieses Motiv wieder, wobei diesmal die Zahl der »Auferstandenen« sich auf sechs verdoppelt hat. Passend zur Nummer der Karte umgeben 20 Strahlen den Engel (Gabriel) im Marseiller Tarot. Sieben sind es dagegen, die im Rider-Bild aus dem Blasinstrument tönen in Anspielung auf die siebte Posaune der biblischen Offenbarung, auf die sieben Schöpfungstage oder auf die sieben Töne einer Oktave. Das Crowley-Bild stellt äußerlich eine Abkehr vom traditionellen Bildmotiv dar. Der Titel »Äon« bedeutet soviel wie »(Neues) Zeitalter« oder »(Neue) Zeitrechnung«. Inhaltlich hält sich jedoch das Crowley-Bild an die überlieferte Bedeutung der Karte. Es stellt einen Geburtsvorgang dar, und macht somit ebenfalls Offenbarung, Transformation und Auferstehung zum Thema.

Die christliche Botschaft vom Jüngsten Tag ist auf verschiedene Weise vermittelt worden. Da gibt es etwa die Version vom Strafgericht Gottes, welches die Ungläubigen verhöhnen und das den Gläubigen eine schaurige Furcht einflößt. Es gibt aber auch die Version vom Himmel auf Erden, der am Jüngsten Tag eingeläutet wird, von endgültiger Erlösung und von großer Verwandlung. Das bekannte Bibelwort über Jesus, der einst wiederkehren werde, »zu richten die Lebenden und die Toten«, ist in sich mehrdeutig. Es kann so verstanden werden, daß Jesus zu Gericht sitzen werde – mit Zuckerbrot und Peitsche. »Richten« bedeutet jedoch auch aufrichten, ausrichten und etwas in »richtige« Bahnen lenken. Daher besagt jenes Bibelwort auch: Das Göttliche im Menschen (Jesus) erweist sich als die Kraft, die dem, was war, was sein wird und was ist, Richtung verleiht.

Für den Skorpion in uns ist es wesentlich, sich mit Vergangenheit und Zukunft auseinanderzusetzen, um dann immer wieder zu fragen: Was bedeuten meine Wünsche (und meine Ängste) hier und jetzt? *Der jüngste Tag ist heute.* In welche *Richtung* will ich ihn lenken? Die Karte fordert uns auf, erneut Menschen und Ereignissen zu begegnen, die scheinbar schon »gestorben« waren. Die berühmten »Leichen im Keller« kommen solange immer wieder zum Vorschein, wie sie uns noch etwas zu sagen haben. Den ausstehenden Teil der Auseinandersetzung, der zuvor vielleicht vergessen oder verdrängt wurde, ist noch nachzuholen, entlang der Leitlinie »Erinnern, Wiederholen und Durcharbeiten« (Sigmund Freud). Der Keller der Vergangenheit und der Horizont der Zukunft müssen geklärt und gereinigt werden, bis ein neues und erfrischtes Leben aus »Wasser und Geist« Wirklichkeit wird.

Dazu gehört es auch, einen Strich unter gewisse Erfahrungen zu ziehen. Der Skorpion verfügt wie ein riesiger Wasserspeicher über ein außerordentliches Gedächtnis, nicht zuletzt was eigene und anderer Leute *Fehler* angeht. Selbstwerdung heißt für ihn daher an hervorragender Stelle *Selbstbefreiung*: endgültiger Abschied von alten »Rechnungen«, von Selbstvorwürfen oder von Schuldzuweisungen; um auf der anderen Seite sich selbst und anderen eine neue Chance geben zu können.

Im Crowley-Bild kann der große, blaue, schlangenhafte Körper wie eine Gebärmutter gesehen werden. In einer anderen Betrachtungweise erscheint er jedoch wie eine Art Parabolspiegel. Dessen *Brennpunkt* besteht in dem geflügelten, unteren der beiden roten Punkte. Dieselbe

Bedeutung eines *Kulminationspunktes* nimmt im Marseiller und besonders im Rider-Bild der Engel ein (vgl. a. das Kreuz auf dem Posaunenbanner). Dieser Höhepunkt bedeutet ein vereinigendes »kollektives« Leitbild, welches es ermöglicht, die Vielzahl persönlicher Wahrheiten unter einen Hut zu bringen. Darin zeigt sich auch die Kraft einer (Selbst-)Motivation, der es gelingt, schlafende Energien zu wecken und auf einen Punkt zuzuspitzen.

Die Karte »Gericht (Äon)« ist dem astrologischen Pluto zugeordnet. Sie verdeutlicht auf ihre Weise die Aufgabe, den Pluto zu erhöhen: geeignete Ansprüche zu erheben und einen übergreifenden *Willen* auszubilden, der erwünschte wie unerwünschte Wirklichkeiten gemeinsam zu nutzen versteht.

Tragendes Verlangen

Die Kelche entsprechen im Tarot dem Element Wasser mit seinen verschiedenen symbolischen Bedeutungen (vgl. S. 34 und 36 ff.). Der Kelch erlaubt als Gefäß, das an sich unfaßbare Wasser in die Hand zu nehmen. So bezieht sich die Reihe der Kelch-Karten im Tarot auf all die *greifbaren* Momente, in denen das Seelenleben (Wasser) sich konkretisiert: Gefühle, Stimmungen, Träume, Eingebungen usw. In zahlreichen Erzählungen wird auch der Mensch selbst als Gefäß aufgefaßt, welches am großen »Wasserkreislauf« – am Meer der Seelen und am Strom der Zeit – teilhat. Der heilige Gral – diese zentrale Figur der mittelalterlichen Mythen in Europa – wurde als Schale oder als Kelch verstanden; er läßt sich im Sinne der Tarot-Kelche interpretieren.

Abbildungen: Karte König / Prinz der Kelche
Rider-, Crowley- und Marseiller Tarot (v. l. n. r.)

Der König der Kelche (bei Crowley: Prinz der Kelche) stellt eine souveräne, liebe- und würdevolle Persönlichkeit dar, die ihren Kelch erfaßt hat und – im Rider- und im Crowley-Bild – auf dem Wasser ihren Thron besitzt. Die majestätische Gestalt ist für den Skorpion in uns Bestätigung und Vorbild.

Wie der König oder Prinz der Kelche, so fühlt sich auch der Skorpion haltlos, solange er nach *äußerer* Sicherheit sucht. Er findet umgekehrt einen sicheren Rahmen und eine beflügelte Festigkeit in seinem Leben nach innen wie nach außen, wenn er sich seiner inneren Antriebe und Bedürfnisse sicher ist. Sobald ihm auch verborgene Gefühle *deutlich* werden (wie der Fisch, der im Rider-Bild aus dem Wasser schaut), gewinnt der Skorpion eine echte Souveränität, auf die er bauen kann.

Eigentümlich genug, ist es sein Verlangen, das ihm festen Boden unter den Füßen – inmitten einer uferlosen Wasserwelt – verleiht. Das Verlangen unterscheidet sich vom bloßen Gefühl dadurch, daß es eine zusätzliche Dynamik sowie eine erhöhte Betroffenheit und Verbindlichkeit ins Spiel bringt. Sehnsüchtiges Verlangen und leidenschaftliches Begehren *verdichten* die Gefühle und machen sie zur *Grundlage* des persönlichen Verhaltens.

Während ungenutzte, nichts verlangende Gefühle den Unterbau des Kelch-Königs oder die Strebsamkeit des Kelch-Prinzen angreifen und schwächen, bringt umgekehrt ein Begehren, in dem viele Emotionen unterschiedslos verschmelzen, die Gefahren der Verhärtung und der Zügellosigkeit mit sich. Wasser hat bekanntlich keine Balken, aber es ist wirkungsvoll. Ein ohn- oder übermächtiges Verlangen kann uns zu Stein erstarren lassen oder wie eine Springflut mit sich ziehen.

Damit das Wasser seine belebende und beflügelnde Wirkung entfalten kann, kommt es also auf das – im persönlichen Sinne – richtige Verlangen an. Dem entspricht im Verhalten des Skorpions das persönlich richtige Maß an Spannung. Der Skorpion braucht die Spannung zwischen dem, was ist, und jenem, was er begehrt. Ein spannungsloser Zustand – nur »ganz entspannt im Hier und Jetzt« zu leben – unterfordert und entmotiviert ihn. Andererseits führen untaugliche Ansprüche und ungeeignete »Objekte der Begierde« zu überfordernden An- und Verspannungen. Im Interesse seiner Gefühle, seines Verlangens und seiner Würde als Herrscher des Wassers ist der König (Prinz) der Kelche darauf angewiesen, seinen Standort entsprechend der konkreten Situation neu zu bestimmen, immer wieder also den *aktuellen* Schwerpunkt des Verlangens in sich auszumachen.

Zugleich reizen ihn die Grenzen seines Spannungshaushaltes. Denn indem er herausfindet, wo er sich gefühlsmäßig unter- oder überfordern würde, steckt er gleichsam das Terrain ab, auf welchem er auf dem Wasser sich bewegt und residiert.

An den Grenzen des Gefühlslebens aber wird der Schattenbereich der Seele *deutlich*, welcher immer schon – sonst aber unsichtbar – vorhanden ist. Die Begegnung mit dem Schatten dient gerade dem Zweck, sich des *Bereichs* der eigenen Gefühle und der *Tragweite* des persönlichen Verlangens bewußtzuwerden.

Begegnung mit dem Schatten, I

Abbildung: Karte Kelch 5
Rider-, Crowley- und Marseiller Tarot (v.l.n.r.)

Im Rider-Bild steht der Schatten deutlich vor Augen. Derselbe Schatten, den wir als Pluton & Hades in der Astrologie getroffen haben, – der Schatten, der als

Farbe Schwarz und als »Tiefe« (wie das Schwarz in der Druckersprache heißt) in *jedem* Bild enthalten ist – hier tritt er gut sichtbar in Erscheinung. Eigentlich eine dankbare Situation. Wenn man den Schatten vor Augen hat, so steht die Sonne im Rücken. Eine vorteilhafte Position. Der Schatten, sonst allgegenwärtig, aber unsichtbar, gibt sich zu erkennen. Eine erstrebenswerte Begegnung!

Dennoch wird das Rider-Bild von vielen Tarot-Spieler(inne)n als ein Bild der Trauer wahrgenommen; dennoch interpretieren etliche Autor(inn)en diese Karte als eine Station der Sorgen und des (Liebes-)Kummers; und heißt der Titel der Crowley-Karte »Enttäuschung«. Was geht hier vor?

Karten mit der Zahl »Fünf« können jeweils als ein Bild der Quintessenz (wörtlich: der fünften Wesenskraft) gedeutet werden. Positive und negative Seiten des betreffenden Elements, hier des Wassers, stoßen aufeinander und bilden etwas Neues, worin etwas Wesentliches des betreffenden Elementes zum Vorschein kommt. Mit dieser Definition der »Fünf« finden wir auch einen Zugang zu dem eher abstrakten, ornamentalen Marseiller Bild. Das Crowley-Bild unterstreicht das Argument der Quintessenz, indem es ein Pentagramm (einen Fünferstern) zeigt, welches wiederum ein Symbol der Quintessenz ist. Die Rider-Karte zeigt es nun als Bild: Den geleerten Kelchen stehen unversehrte Trinkgefäße gegenüber. Verflossene Gefühle stoßen auf vorhandene oder künftige seelische Erfahrungen (Kelche). Alles fließt und ändert sich, wie der Fluß, der sich dennoch gleich bleibt. Dem schwarzen Schattenwesen im Vordergrund entspricht oder entgegnet in der Ferne eine weiße Brücke, welche zu einer

Burg führt, die sowohl Hort des Verflossenen und Vergangenem wie auch des Fließenden in Gegenwart und Zukunft sein kann.

Wo starke Gefühle aufeinanderstoßen – Freude und Trauer, Erfüllung und Verlust –, *begegnen* wir dem Schatten. Wir kommen an die Grenze dessen, was wir (bisher) seelisch zu erfassen vermögen. Aber, Vorsicht – nicht allein Finsternis und düstere Stimmung sind angezeigt. Die Seele (das Gefühlsleben) wirkt wie ein Spiegel. Auch und gerade das erscheint der Psyche dunkel, *von dem sie noch kein Bild besitzt, welches sie reflektieren kann!* Alles, was »ganz anders« ist als sie selbst, erscheint der Seele als Schatten. Wo wir uns den seelischen Realitäten unseres Lebens offen und ganz stellen, einschließlich aller Hoffnungen und aller Ängste, da »sterben« wir ein Stückchen und werden im selben Moment ein Stück weit neugeboren. Wir entdecken neue, unbekannte Seiten an uns und an anderen. Wir finden, wie im vorliegenden Bild, eine Brücke in seelisches Neuland, welches erschlossen sein will. Treten wir näher an die schwarze Figur heran und betrachten sie genauer.

Die astrologische Konstellation »Mars in Skorpion« (die besonders für die erste Skorpion-Dekade vom 23.10–1.11. eines Jahres gültig ist) wird der Karte »Kelch 5« zugeordnet. Mars, der römische Kriegs- und Frühlingsgott, will Neuland erobern und urbar machen. Und dieses Neuland ist hier der Schattenbereich. Der Schatten besitzt immer eine Doppeldeutung. Er stellt hier z. B. Verdrängtes und Verlorenes sowie Ersehntes und Gefundenes dar. Im Schatten leben die »Ahnen« (aus der Vergangenheit). Aber auch die *Ahnungen* (für eine unbekannte Zukunft) sind im Schatten erhalten. – Grundsätzlich *ist* der Schatten nicht nur in sich doppeldeutig; sein Wesen, seine Funktion besteht gerade darin, *jeweils die andere Seite* zu dem, was bekannt, bewußt und vertraut ist, ins Feld zu führen. –

Die Begegnung mit dem Schatten führt zu einer *Enttäuschung*, wenn man diese andere Seite (an sich oder an anderen) zuvor nicht wahrhaben wollte. Kummer, Sorgen, Trauer treten an diesem Bild in den Vordergrund, wenn sie bisher zu kurzgekommen sind. Aber auch Wut, Groll, Gram und viele andere »blinde« oder »dunkle« innere Haltungen können sich in dieser Karte wiederfinden. Wenn dem so ist, sollten wir die Ermutigung beherzigen, daß es besser ist, richtige Dinge »spät« zu akzeptieren als gar nicht. Eine Enttäuschung bietet die Gelegenheit der Ent-Täuschung, d.h. des Starts in ein Leben mit einer wiedergewonnenen persönlichen Wahrhaftigkeit. Das Ende einer Täuschung, deren Lektion wir gelernt haben, setzt – wie Mars – enorme Energien (für neue Taten, für ein neues Bewußtsein der eigenen Existenz) frei.

Aber die Begegnung mit dem Schatten muß gar nicht mit einer – wie auch immer gearteten – Enttäuschung verbunden sein. Weil im Schatten auch Tiefe, verborgene Kräfte und bislang nur geahnte Schätze enthalten sind (wie sie im Mythos der Plutos, der Gott des Reichtums verkörpert), stellt der Schatten *auch* ein Ziel der Suche, eine Sehnsucht dar. Die Schattengestalt im Rider-Bild sowie die geglückte Verbindung verschiedenartiger Kelche zu einem integrierten Ganzen im Crowley-Bild bedeuten auch *the missing link*, das gesuchte Verbindungsstück, welches (wie die Brücke im Rider-Bild) gleichsam seelische Kontinente zusammenzuführen vermag. Die Begegnung mit dieser Art des Schattens gleicht einer erfolgreichen Schatzsuche. Sie bedeutet eine Wegweisung für ein großes Glück!

Begegnung mit dem Schatten, II

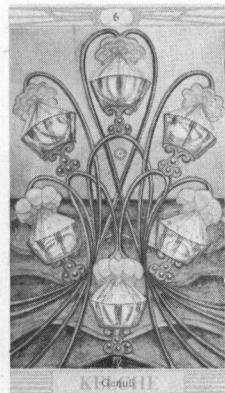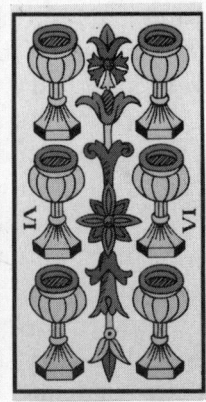

Abbildung: Karte Kelch 6
Rider-, Crowley- und Marseiller Tarot (v. l. n. r.)

Wenn wir die Rider-Bilder betrachten, so ist die Interpretation erlaubt, daß wir uns bei den sechs Kelchen im Innenhof jener Burg befinden, welche am Bildrand der fünf Kelche bereits zu sehen war. Die Begegnung mit dem Schatten führt uns nun ins Innere jener bewehrten (bewährten?) Festung, die wir in uns tragen. Die Burg kann – wie ein Haus, nur größer und gewaltiger – ein Symbol der Selbstwahrnehmung und Selbstdarstellung der Seele sein. Sie gilt auch – wie ein Schloß – als Symbol »mütterlichen« Umschlossenseins; unter den

Aspekten der Geborgenheit wie auch der Gefangenschaft ist die Burg insoweit den Schiffen und den schwimmenden Kisten (beim »Gericht«) zu vergleichen, welche wir auf den vorherigen Karten angetroffen haben. Das »Mütterliche« wiederum besitzt in der Traumdeutung und anderen Symbolsprachen jeweils eine individuelle Komponente (eigene Erfahrungen als Kind und als Mutter) sowie eine kollektive Bedeutung (vielzählige Erfahrungen mit »Mutter Erde«, kollektives Mutterbild u. a.).

Was geschieht nun in diesen Bildern (aus dem Rider-Tarot)? Wir befinden uns im Inneren der Burg, wir gelangen ins Zentrum unseres seelischen Selbstverständnisses. Auf Kinder oder auf Kind und Zwerg stoßen wir: auf Erfahrungen aus frühen Beziehungen oder aus Träumen und Märchen. In den Kelchen finden wir die Blumen der Seele, die fruchtbare Pracht des Gefühlslebens. Der kleine Mann überreicht diese der kindlichen Frau. Und nun beachten Sie bitte: Die kleine Frau nimmt eine doppelte Haltung ein. Einmal schaut sie weg (das Gelbe ist dann ihr Gesicht, links und rechts umgeben vom rotorangen Kopftuch). Ein andermal sieht sie zu dem Männlein hin (das Gelbe ist jetzt ihr Zopf, links davon ihr Gesicht und rechts davon ihr Kopftuch).

Das Männchen muß tatsächlich mit Annahme und mit Ablehnung seines blühenden Kelches rechnen. Und die Frau bietet offene Zuwendung sowie abgekehrte Verweigerung an. Das Bild kann wie ein Vexierbild gesehen werden; Sie, verehrte Leserin und verehrter Leser, werden es vielleicht nicht glauben, weil Sie entweder nur den aufschauenden oder nur den abgewandten Blick der kleinen Frau im Moment erkennen. So geschieht es nach der Erfahrung des Verfassers bei dieser Karte jedenfalls meistens: Allein eine Betrachtungsweise wird wahrgenommen. Das große Aha-Erlebnis ergibt sich dann in der Begegnung mit anderen Leuten (z. B. in einem Tarot-Seminar), wenn die eine Hälfte der Teilnehmer(innen) das zugewandte und der andere Teil das abgewandte Gesicht der kleinen Frau im Kartenbild erkennt.

Dem Verfasser ist nicht bekannt, ob die zwei Gesichter des Frauchens von den Urhebern dieses Kartenbildes so beabsichtigt waren, oder ob sie sich »zufällig« im nachhinein als solche herausgestellt haben. Jedenfalls geht A. E. Waite in seinen Erläuterungen zu dieser Karte auf diese Frage nicht ein, und die wenigsten Tarot-Autor(inn)en haben diese doppelte Sicht des Bildes bislang bemerkt. Allein, es handelt sich nicht um eine dem Bild aufgezwungene Doppeldeutung; vielmehr ist es so, daß ganz selbstständig und aus sich heraus viele Menschen eben das eine und viele nur das andere Gesicht der kleinen Frau im Bild wahrnehmen. (Es gibt auch andere Tarot-Karten mit derart geteilter Aufnahme, z. B. »Der Wagen«. Im Unterschied zu den »sechs Kelchen« hat beim »Wagen« die Doppeldeutung des Bildes schon Eingang in die Literatur gefunden, weil zahlreiche Autoren den Wagen entweder nur als stillstehend oder nur als in Fahrt befindlich beschreiben. Wenn man nun verschiedene Deutungsbücher vergleicht, lernt man beide Betrachtungsweisen – die beide dem betreffenden Bild gerecht werden – kennen.)

Das Rider-Bild der »sechs Kelche« verweist auf die Doppeldeutigkeit des Seelenlebens. Empfangen und

Loslassen zeigen sich als seelische Polaritäten im Akt der Kelch-Überreichung. Die Figur am linken Bildrand (vielleicht eine Wanderin oder ein Wächter) demonstriert Abschied oder Ankunft bei der Burg oder dem Zuhause. Und das Doppelgesicht der kleinen Frau faßt diese verschiedenen Deutungsaspekte zusammen: Zuwendung und Abneigung als die aufbauende und die abbauende, zerstörerische Seite des Seelenlebens. Beide Aspekte des Seelenlebens sind notwendig. Die Gefühle von Sympathie *und* von Antipathie halten das Seelenleben in Fluß. Erst *beide* Blickrichtungen der Seele erlauben eine gefühlsmäßige Offenheit, welche über Alternativen und damit auch im seelischen Bereich über Unterscheidungs- und Orientierungsvermögen verfügt. Bei der Betrachtung des Kartenbildes ist es daher wichtig zu bemerken, welcher Aspekt in der persönlichen Aufmerksamkeit zunächst Vorrang hatte. Die nichtbeachteten Aspekte (also z. B. das eine zuvor nicht wahrgenommene Gesicht der kleinen Frau) sind ein Symbol für das, was im persönlichen Bereich am ehesten in den Schatten gerät.

Anzumerken bleibt, daß die astrologische Konstellation der Karte sechs Kelche »Sonne im Skorpion« lautet, welche auch der zweiten Skorpion-Dekade (2.–11.11.) zugeordnet ist. Die Sonne bringt verborgene Seiten des Schattenbereichs ans Licht. Aber auch: Die Sonne steckt hier in der schattenhaften Tiefe des Skorpions. Die schönen Erfahrungen der »Ahnen«, der Kindheit oder der frühen Jugend können viel Kraft und Wärme für die zukünftigen Entwicklungsaufgaben geben; das kann ein »Genuß« sein, wie der Titel der Crowley-Karte sagt (pleasure – Freude heißt der Originaltitel). Andererseits bedeutet die Karte auch, daß wir an Erfahrungen erinnert werden, wo wir als »Kind in den Brunnen« gefallen sind. Das ist weniger ein Genuß als eine Herausforderung, dieses Kind nun abzuholen und aus dem Schattendasein zu befreien.

Begegnung mit dem Schatten, III

Abbildungen: Karte Kelch 7
Rider-, Crowley- und Marseiller Tarot (v.l.n.r.)

Karten mit der Zahl 6 können komplexe Situationen beschreiben, die sich durch Stabilität und Ganzheit oder aber durch ein Festgefahrensein auszeichnen. Die Stationen mit der Zahl 7 nun können als Momente der Prüfung verstanden werden. »Sieben«, als das *Sieben* wörtlich genommen, mag eine kritische Phase der Vieldeutigkeit, der Verwandlung oder der Vollendung bedeuten: Hier wird sortiert und verfeinert; man schaut, was im Sieb bleibt und was nicht.

Die abgebildeten Karten verdeutlichen zwei typische Gefahren, vor denen wir uns als Skorpione hüten sollten. Der Crowley-Titel »Ausschweifung« bringt einen Punkt bereits zur Sprache. Den zweiten zeigt das Rider-Bild als ein Verharren im persönlichen Schattendasein. So positiv und wünschenswert es auf der einen Seite ist, den (eigenen) Schattenseiten zu begegnen (s. Karte fünf Kelche), so ist hier vor einem Leben im »Wolkenkukkucksheim« zu warnen, dem das Gefühl für die eigene Betroffenheit verlorengeht. Weil der Skorpion über überaus machtvolle und oftmals verwirrende Gefühle verfügt, bietet sich als eine scheinbare »Lösung« seiner Seelenfragen eine Verlagerung in den geistigen Bereich, in eine symbolische oder Traumwelt an. Einige astrologische Schulen werben sogar für diese Scheinlösung, indem sie die Maxime aufstellen, beim Skorpion gehe es um die »Überwindung der Emotionen«. Der Preis für ein solches Verhaltensziel wäre aber – wie im Rider-Bild – ein Verlöschen der persönlichen Betroffenheit, eine persönliche Existenz im Schatten, während bestimmte Träume und Verheißungen ins Rampenlicht gerückt werden. Der Skorpion aber ist das mittlere Wasserzeichen, ganz und gar auf Seele und Gefühl eingestellt, und er fühlt und denkt »Ich begehre«. Er kann lernen, Emotionen zu »sieben«, zu verfeinern, sie auf geprüfte Ziele zu lenken; er kann bestimmte Begehren zugunsten übergeordneter oder tieferer Bedürfnisse aufgeben; aber seine Emotionalität gänzlich zu überwinden, hieße dem Skorpion zu raten, er solle kein Skorpion mehr sein. Weil der Skorpion tatsächlich *nicht generell* auf seine Wünsche und Verlangen verzichten kann, folgt einer versuchten Selbstverleugnung die »Ausschweifung« auf dem Fuße. Solange Wünsche und Begierden nicht bewußt kultiviert werden, mischen sich Askese oder Selbstkasteiung in einem Lebensbereich mit überfließender Anmaßung in einem anderen Bereich der betreffenden Person. Die beiden Karten aus dem Rider- und dem Crowley-Tarot ergänzen sich daher gut.

»Venus im Skorpion« lautet die astrologische Konstellation dieser Karte, welche sich besonders auf die dritte Skorpion-Dekade (12.–21.11.) bezieht. Venus, die Liebesgöttin, besitzt ihren Zauber und ihre Schönheit durch die harmonische Verbindung von Geist und Körper (von Sinn und Sinnen). Sie fördert eine Kultivierung der Leidenschaften. Wie im Crowley-Bild müssen dafür überflüssige Erwartungen und Verheißungen abtropfen, bis im Kelch das zurückbleibt, was dem persönlichen Glück ein harmonisches Maß verleiht.

Die schwarze Schattengestalt im Rider-Bild besagt dazu ein Zweifaches: Die Begegnung und Auseinandersetzung mit dem Schatten gleicht einer Brücke, welche zu den Träumen und Verheißungen führt, die einer/m vorschweben. Und: Um seine Träume und Wunschziele zu erreichen, ist es nötig, über den eigenen Schatten zu springen. Wenn es gelingt, auf die eine oder andere Art den Schatten zu nutzen – was seine Anerkennung und seine Überwindung einschließt –, dann bedeutet die Karte auch das Gegenteil von »Ausschweifung« – eine Vollendung im Sinne des Wasserelementes: überfließende Gefühle, wirkliche Glückserfahrungen, in denen man immer wieder staunend und voller Freude vor dem Reichtum und dem Geheimnis der Seele steht.

Tarot-Kartenlegen

Zum Tarot-Kartenlegen gehört die Symboldeutung, aber auch der Mut, den Gefühlen und den manchmal unbekannten Wirklichkeiten der eigenen Person ins Auge schauen. Man beginnt am besten mit der »Tageskarte«. Morgens oder abends wird täglich oder doch einigermaßen häufig eine Karte gezogen – als Symbol, als Motivierung oder als besinnlicher Reflex des persönlichen Tagesgeschehens. Die Bedeutungen dieser Tageskarten sollen zunächst individuell und intuitiv erfaßt werden. Später können zusätzliche Interpretationen aus der Tarot-Literatur zu Rate gezogen werden. Zwei (der zahlreichen) Muster für das weitere Tarot-Kartenlegen:

$$\boxed{2} \quad \boxed{1} \quad \boxed{3}$$

1 – Aktuelle Situation
2 – Vergangenheit oder das, was schon da ist
3 – Zukunft oder das, was neu zu beachten ist.

$$\boxed{5}$$
$$\boxed{2} \quad \boxed{1} \quad \boxed{3}$$
$$\boxed{4}$$

1 – Schlüssel oder Hauptaspekt
2 – Vergangenheit oder das, was schon da ist
3 – Zukunft oder das, was neu zu beachten ist.
4 – Wurzel oder Basis
5 – Krone oder Chancen.

Zum praktischen Vorgehen:

- Benutzen Sie alle 78 Karten eines Tarot-Spiels. Die Sitte, nur 22 Karten zu verwenden, stammt aus der Zeit von vor 1910, als für nur 22 Karten (die sog. Großen Arkana) Bilder existierten. Heute ist die generelle Beschränkung nicht mehr sinnvoll.

- Überlegen Sie sich Ihre Frage, die Sie nun an die Tarot-Karten richten möchten. Für die Art der Frage gibt es keine zwingenden Ge- und Verbote.

- Wichtig ist zu wissen: Die Karten wirken wie ein Spiegel. Sie können Fragen über zweite und dritte Personen stellen. Die Antwort der Karten schließt dabei stets Ihr Verständnis und Ihr Verhältnis zu diesen Personen mit ein. Wenn Sie Fragen über andere Personen stellen, sind dennoch auch Sie selbst mit im Spiel.

- Mischen Sie die Karten, wie Sie es gewohnt sind. Alle verpflichtenden Vorschriften (Kartenziehen mit links; Mischen durch Rühren auf dem Tisch usw.) sind Humbug. Nichts gegen ein persönliches Ritual. Aber keine verpflichtenden Vorschriften.

- Legen Sie nach einem Legemuster aus, das Sie zuvor ausgewählt haben. Sie können dazu Legemuster aus der Literatur benutzen, aber auch eigene entwerfen (vor einer Kartenbefragung).

- Ziehen Sie die Karten, wie Sie es gewohnt sind. Legen Sie sie verdeckt in Form des Legemusters vor sich hin.

- Die Karten werden dann (im Normalfall) einzeln aufgedeckt. Erst wenn die Betrachtung und Interpretation einer Karte beendet ist, soll die nächste aufgedeckt werden.

- Alles, was während einer Kartenbefragung ge-

schieht, kann zum Inhalt der gesuchten Antwort gehören.
- Die Antwort auf diese Frage geben alle Karten einer Auslage zusammen.

Eine Auslage, die sich besonders für den »Skorpion« bewährt hat:

»Der Weg der Wünsche«

Bei dieser Auslage werden die Karten nicht gezogen, sondern ausgesucht. Insgesamt benötigen Sie fünf Karten. Zuerst eine für das, was ist. Wählen Sie mit Ruhe und Konzentration ein Bild für Ihre momentane Situation. Wenn Sie diese Karte gefunden haben, legen Sie diese vor sich hin. Dann finden Sie eine für das, was sein soll, das heißt für das, was Sie sich wünschen. Nehmen Sie sich dafür die Zeit, die Sie brauchen. Wenn dann diese beiden Karten vor Ihnen liegen, schieben Sie diese auseinander und suchen Sie drei weitere Karten aus, die als Verbindungsstück, als Brücke dienen können, um von dem, was ist, zu dem gewünschten Ziel zu gelangen. Achten Sie bei der Auswahl darauf, daß es eine tragfähige Brücke wird und daß Sie auf der anderen Seite ankommen. Zum Schluß betrachten Sie die Karten durchgängig von links nach rechts (und umgekehrt!) als *einen* Weg und *eine* Geschichte.

1 – Momentane Situation
2 – Wunschvorstellung
3,4,5 – Brücke von 1 nach 2

94

Stirb und werde

Der Skorpion im Lichte der Traumdeutung

Es hat sich herumgesprochen, daß Träume Bedeutungen vermitteln und deshalb, wie andere Informationen und innere Regungen auch, beachtet werden sollten. Träumen im Wach- und im Schlafzustand kann eine ausgesprochen fantasie- und lustvolle Betätigung des ganzen Menschen sein. Pflege und Training der Seele haben eine ähnliche Aufmerksamkeit verdient wie die des Körpers.

Skorpione können wie ein Stein ins Bett fallen, wenn ihnen das »Wasser des Lebens« kein Begriff ist, d.h. wenn sie im Bewußtsein keinen Platz für ihr Seelenleben besitzen. Und sie können unter Schlaflosigkeit oder großer Unruhe leiden, weil sie sich vor der Hingabe an die Nacht und die Tiefe der Seele fürchten, weil das Seelenleben in ihrem Bewußtsein einen allzugroßen Raum einnimmt. Zu einem ausgewogenen Verhältnis zwischen bewußten und unbewußten Lebensäußerungen findet der Skorpion erst im Zuge vieler Erfahrungen. Wie die Kelch-Karten des Tarot zeigen, braucht es einfach seine Zeit, bis man offen für den Schatten der Nacht ist; sich damit auseinandersetzt; alte Schattenseiten annimmt oder loswird und neue Schatten als Geheimnisse und Grenzerfahrungen respektvoll akzeptiert.

Mehr als für andere Zeichen sind für die Skorpione die Träume der »Stoff«, der sie selber sind. Deshalb ist es für die Skorpione wichtiger als für andere Zeichen ihre *Träume als solche ernstzunehmen*. Das bedeutet: Einerseits sind Träume nur Träume. Außer dem Wasser gibt es noch drei weitere Elemente und ein fünftes – den »Äther« oder die persönliche Quintessenz. Außer der Seele stehen auch Körper, Geist und Wille zur Verfügung sowie der Zauber einer verwirklichten Individualität. Träume werden nur fruchtbar, wenn sie über sich selbst hinausführen; man soll sich insofern an Träume nicht klammern.

Zum anderen ist es für die Skorpione aber nicht mit einem gelegentlichen (Beobachten von) Träumen getan. Wenn die Träume eine »Fremdsprache« oder eine (zunächst unbekannte) *ureigene* Sprache darstellen (vgl. S. 15 ff.), dann gehört ein gewisses *Studium* der Träume für den Skorpion unverzichtbar dazu, wenn er sich selbst treubleiben will. Es kommt bei diesem Studium weniger auf Buchwissen an (obwohl auch dieses nötig ist), als vielmehr auf den Nachdruck, die Konsequenz sich selbst oder anderen gegenüber, mit welcher man zu einer Forscherin oder einem Forscher in eigener Sache wird. Studium heißt aus dem Lateinischen u. a. Eifer, Bestreben, Lust, Passion, Ergebenheit und Begehren. (Dies aber sind charakteristische Einstellungen des Skorpions, weshalb auch gilt: Ohne Studium kein verwirklichter Skorpion; ohne Skorpion kein verwirklichtes Studium.)

Alle in diesem Buch genannten Symbole können für die Traumdeutung Hinweis auf eine entsprechende Skorpion-Thematik geben. Spezielle Skorpion-Symbole im Traum sind zusätzlich: Dolch, Spritze, Spinne (etwa die »Schwarze Witwe«), Drache und Schlange (die beide allerdings auch die Steinbock-Symbolik betreffen); Opfer, Rituale; Alte Frau, Höhle (im Unterschied zur Hölle), Schacht; Arzneimittel und Gifte u. a. Bei diesen wie bei allen Traumsymbolen ist zunächst der einzelne Traum bzw. die betreffende Traumserie zu beachten. Jedesmal kann aber auch die Auseinandersetzung mit der Skorpion-Symbolik angezeigt sein, in deren Mittelpunkt und an deren Grenzen die Themen von Tod und Wiedergeburt stehen.

Tod im Traum

Tod- und Sterbesituationen im Traum verweisen auf dieselben Bedeutungen, welche auch die Karte »Tod« besitzen kann, wenn diese im Tarot auftaucht. Die Spannbreite der Bedeutungen reicht von Erledigungen, die im Alltag anstehen, über bevorstehende Abschiede und Beendigungen, auf welche sich die Seele vorbereitet, bis hin zu einer tiefschürfenden Auseinandersetzung mit dem Sterben. Auf dieser grundsätzlichen Ebene ist die Doppeldeutung des »Tod« – als Loslassen und Ernten – zu beachten (vgl. S. 62). Das heißt, der betreffende Traum stellt die doppelte Frage, was man wohl oder übel beenden, loslassen und einfach akzeptieren muß und was man andererseits im Bewußtsein der gegebenen Möglichkeiten »begehren« und ernten will.

Auf der konkreten Ebene ist es von Bedeutung, daß die Seele – die innere Einstellung – für mehr oder weniger einschneidende Veränderungen (z. B. Berufswechsel, Geburt des ersten Kindes, Auszug des letzten Kindes, Umstellung alter Lebensgewohnheiten) eine gewisse Verarbeitungszeit benötigt (wobei die Dauer von der Qualität und der Intensität bestimmt wird). In den Vor- und Nachbereitungsphasen solcher Lebensumstellungen besitzen Tod- und Sterbesequenzen im Traum eine sehr heilsame Funktion. Sie machen die betreffende Änderung in ihrer seelischen Tragweite deutlich und fordern dazu auf, sich dieser seelischen Dimension zu stellen. Wenn man dazu bereit ist, sind solche Träume eine wesentliche Hilfe auf dem Weg, die betreffende Verwandlung der Lebensverhältnisse wirklich zu erreichen oder zu akzeptieren.

Viele Projekte scheitern, nicht weil es an Lust auf Neues, sondern weil der Mut zum Abschied vom Alten fehlt. Wenn wichtige Veränderungen im Alltag anstehen, und im Traum- oder Seelenleben der Tod gar keine Rolle spielt, sollte man sich fragen, ob man für jene Umgestaltungen wirklich offen ist.

Nicht selten zeigt die Psyche ihre Bereitschaft zur Bereinigung gewisser Lebensumstände bereits im Traum an, *bevor* wir sie bewußt begriffen haben. Hier ist also die Traumbegegnung mit dem Tod ein Symbol, das in seiner praktischen Beziehung erst noch zu deuten ist.

Wie und in welcher Gestalt tritt der Tod im Traum auf? Diese Frage kann unmöglich mit einer Aufzählung beantwortet werden. Alle Aspekte des Skorpions etwa, die im vorliegenden Buch beschrieben werden, können auch Erscheinungsformen des »Tod« im Traum sein. Wie Geburt, Liebe und Glück *auch* ein individuelles Gesicht tragen, so ebenfalls der Tod im Traum. Zu beachten ist ferner, daß es in Träumen offensichtliche Todesszenen gibt (die an bekannte Bilder – etwa aus Krankenhäusern oder aus Krimi-Geschichten – angelehnt oder aber ganz eigene Bildschöpfungen sein können); daß es daneben aber auch versteckte Todesbilder im Traum gibt. Alle unerkennbaren, undurchsichtigen und schattenhaften Gestalten im Traum sind in dieser Hinsicht zu betrachten (wie die dunklen Figuren, aber auch wie das versteckte zweite Gesicht auf den Kelch-Karten im Tarot).

Beim Skorpion geht es allerdings *nicht* um besonders ungeheuerliche Figuren. *Bestimmte* und erkennbare Ausprägungen des Schattens – wie Teufels- und Mon-sterfiguren u. a. – stehen für die Thematik des Stein-bocks, der sich mit ungestalteter Natur, mit Höllen und dem Licht in der Finsternis auseinanderzusetzen hat. Der Skorpion kann zwar einen Weg hin zur Begegnung mit der Steinbock-Symbolik eröffnen, indem der Skor-pion lernt und lehrt, mit dem Schatten zu leben, worauf dann der Schütze als Fackelträger Licht ins Schatten-reich bringt, sodaß im Steinbock einzelne und bestimmte Schattenanteile erkennbar werden. Erst im Steinbock aber geht es um die Auseinandersetzung mit bestimm-ten »verteufelten« Schatteninhalten, die in ihrer Dop-peldeutung als Quälgeister und als mißachtete Talente unterscheidbar werden. Der »Teufel« gehört schwer-punktmäßig zum Steinbock, zum Skorpion dagegen der »Tod«. Tod und Teufel werden in der Literatur häufig vermischt; sie stellen aber (wie z. B. die entsprechenden Karten im Tarot oder wie die unterschiedliche Darstel-lung im Märchen) zwei selbständige Stationen mit ver-schiedenartigen Bedeutungen dar.

Im Traum und in der Symbolik tritt der Tod in ver-steckter Form z. B. auch in Bildern des Ertrinkens, des Untertauchens, der Flucht in eine Höhle, des Lebens in einer Flüssigkeit oder eines »ewigen« Schlafzustandes auf. Das Unbewußte findet in diesen Fällen keinen begrifflichen Ausdruck für den Tod. In Bildern, die dem pränatalen (vorgeburtlichen) Erfahrungsbereich entlehnt sind, bringt es die (Bereitschaft zur) Preisgabe eines erreichten Zustandes zum Ausdruck. Solche Traumbilder (und auch eine »ewige« Müdigkeit und Schlafbedürftigkeit im wirklichen Leben) sind sehr genau zu beachten. Auf einer sehr tiefen Ebene bringen sie Wünsche nach Beendigung und Loslösung zur Geltung. Wegen ihrer Unbestimmtheit erfordern diese Träume und Symbole viel Aufmerksamkeit und Fingerspitzengefühl. Man sollte auf jeden Fall die Hilfe von Freunden und/oder von professionellen Therapeuten hinzuziehen. Die große Chance solcher (Traum-)Erfahrungen, die bis in den unbestimmten, vorgeburtlichen oder »chaotischen« Bereich zurückführen, liegt in einer Neubestimmung des persönlichen Lebensweges entlang der Leitlinie »Loslassen, um zu begehren und zu ernten« – einer Neubestimmung, die sich aus tiefen Schichten der Person speist und damit auch eine tiefgreifende Wandlung der Lebenssituation möglich macht.

In nicht wenigen Träumen tritt der Tod in personifizierter Form auf, z. B. als Schnitter, als Skelett, als Spielmann, als Klageweib, als »Django« u. a. Der besondere Vorteil dieser (Traum-)Erfahrungen liegt darin, daß man sich mit diesen handelnden Gestalten auseinandersetzen kann, was die seelische Bewältigung von Tod und Sterben zu erleichtern vermag.

Natürlich geht es bei Traumbegegnungen mit dem Tod nicht nur um gegenwärtige und zukünftige Ereignisse. Vielmehr tauchen im Traumgeschehen auch vergangene Erlebnisse wieder auf, in welchen – zurecht oder zuunrecht – ein Teil der eigenen Person »gestorben« ist. Hier ist der innere Zusammenhang zu studieren. Die Begleitumstände der Traumhandlung können Hinweise darauf geben, um welche Erlebnisse es geht und was diese heute bedeuten. Wie bei der Karte »Gericht (Äon)« im Tarot, kommt es auch hier darauf an, den Teil der Auseinandersetzung, der noch aussteht, nachzuholen; sich von bestimmten Geschehnissen endgültig und auch seelisch zu lösen; und gegebenenfalls einen verschollenen Teil der eigenen Persönlichkeit wieder zu entdecken und ins aktuelle Leben wieder einzugliedern.

Damit gelangen wir jedoch an einen etwas kniffligen Punkt. Während es im allgemeinen richtig ist, den Tod als Teil des Lebens zu akzeptieren und sich darauf einzustellen, so wäre eine solche Haltung jedoch eben da grundverkehrt, wo ein Teil der eigenen Person noch darauf wartet, aus dem Sterben befreit und überhaupt richtig geboren zu werden.

Wiedergeburt im Traum

Den Tod allein als *Wandlungssymbol* zu deuten – wie dies nicht wenige der vorhandenen Traumdeutungsbücher tun –, zeugt von einer gefährlichen Einseitigkeit. Denn in gewisser Weise werden eine Wandlung und eine Wiedergeburt nur möglich, wenn man am Tod nicht nur das Vorübergehende, den Aspekt der Wandlung, sondern auch seine Endgültigkeit betont. Es gibt einen qualitativen Unterschied zwischen dem Lebensende und der Beendigung einer Lebens*phase*. Unter dem Eindruck der Endgültigkeit regt sich *auch* ein berechtigter Widerstand dagegen, sich allzu sehr mit dem

Tod anzufreunden. Das gilt insbesondere dann und solange, wie man Erfahrungen mit sich trägt, die einen bestimmten Verlust *nicht* akzeptiert haben und auch nicht annehmen *wollen*. Dieser Widerstand gegen den Tod mag in vielen Fällen illusorisch sein und im Endeffekt doch dazu führen, daß man zulassen und verzeihen muß, was unvermeidlich ist. In anderen Fällen aber ist dieser Widerstand sinnvoll und sogar notwendig: Dort und solange nämlich, wie man sich auf der Suche nach einem wesentlichen Teil des eigenen Selbst befindet, welcher irgendwann verschollen oder untergegangen ist. Eine Wandlung wird in diesen Fällen erst ermöglicht, wenn jener verlorene Teil der Person geborgen ist. Der Widerstand dagegen, diesen Wesensanteil einfach zu vergessen und sterben zu lassen, erweist sich als eine machtvolle Triebkraft jeder Wiedergeburt.

Anzeichen eines Bedürfnisses nach Wiedergeburt können deshalb in solchen Traum-, aber auch Alltags-Handlungen erkennbar sein, in denen man etwas sucht oder um gewisse Rechte kämpft und sich zugleich einer gefährlichen Gegenmacht oder einer tödlichen Bedrohung erwehren muß. Bekanntlich gibt es Unmengen von Filmen und Geschichten, die nach dem Muster *Against all odds* und *Allen Unkenrufen zum Trotz* den Erfolg jener Suche oder jenes Kampfes um das gesuchte Glück ausschmücken; und die Bilder aus diesen Filmen, Fernsehserien usw. können auch im individuellen Traum wieder erscheinen.

Natürlich muß man unterscheiden: Der Kampf gegen unvermeidliche Tatsachen und unwiederbringliche Verluste ist sinnlos und illusorisch. Zu den unbestreitbaren Tatsachen gehören aber auch gewisse persönliche Möglichkeiten und seelische Realitäten, von denen man zunächst nicht mehr als eine *Ahnung* besitzt. Für diese möglichen Wirklichkeiten zu kämpfen, ist sinnvoll und oft notwendig. Wenngleich nicht auszuschließen ist, daß das Geahnte, wenn es dann gefunden ist, anders aussieht als vorher erwartet.

Wiedergeburt im Traum beginnt also nicht unbedingt mit Frieden, Freude und Erleuchtung, sondern u. a. auch mit Kampf und Widerstand im Traum. Verfolgungsträume besitzen demnach nicht nur die oft zitierte erotische Bedeutung des Jagens und Gejagtwerdens; sie können *auch* auf etwas verweisen, das man erreichen oder dem man sich stellen sollte; Verfolgungen im Traum zeigen zusätzlich *auch* ein seelisches Bedürfnis, sich abzusetzen oder ein bestimmtes Ziel dahinschwinden zu lassen.

Eine Wiedergeburt kann sich im Traum in ebenso unzähligen Formen äußern wie der Tod. Da wird eine Mauer übersprungen, ein Fluß durchschwommen, ein Widerstand bezwungen, ein wildes Tier gezähmt, ein Haus neugebaut, eine Tür geöffnet oder ein Chaos aufgeräumt. Etwas taucht aus dem Wasser oder einer Versenkung empor. Licht am Ende eines Tunnels. Eine Blume blüht auf. Ein Kran hebt etwas empor. Etwas Neues und völlig Ungewohntes findet sich in einer altvertrauten Umgebung. In einer Wüste entsteht Leben. Etwas Tiefgefrorenes taut auf. Man ist einem Abgrund entkommen... All dies und anderes mehr kann im Zusammenhang mit Wiedergeburtserfahrungen geträumt werden. Alle Symbole, die mit dem Skorpion in Verbindung stehen (etwa Wasch- und Reinigungshandlungen), können ebenfalls eine Wiedergeburt zum Inhalt haben, alle Frühlings- und Fruchtbarkeitssymbole ebenso. Last not least können Geburtsbilder jeder Art,

z. B. solche, die mit der Geburt der eigenen Kinder zusammenhängen, Erfahrungen einer persönlichen Wiedergeburt spiegeln. Träume, in denen religiöse Übungen und kirchliche Zeremonien eine Rolle spielen, betreffen möglicherweise ebenfalls die Frage einer persönlichen Wiedererstehung. Desgleichen Lichtträume und alles, was mit einem »Platz an der Sonne« in Verbindung steht, etwa Träume von einem Urlaub mit viel Sonne und Meer.

Vielleicht am meisten erzählen Liebesträume von einer erlebten oder erwünschten Wiedergeburt: sexuelle Liebesträume; keusche und unverschämte Liebesszenen; Glücksträume mit einer tiefgreifenden Gewißheit, zu lieben und geliebt zu werden; Träume der Entlastung und der Befriedigung, die im Traum und/oder noch im Wachwerden ein Gefühl großer Erleichterung mit sich bringen.

Wie beim Tod, so gilt auch bei der Wiedergeburt im Traum, daß tatsächliche Erfahrungen vor- oder nachbereitet werden. Sie können Signale für (weit) entfernte, aber auch für (längst) erlebte Realitäten einer umfassenden Erneuerung sein, deren seelischen Dimensionen schon oder erst jetzt zum Vorschein kommen.

Zum Skorpion gehört, wie wir wissen, ein besonderes Gefühl für die Qualität der Zeit. Damit Altes wirklich beendet und eine Wiedergeburt zur tragfähigen Realität werden kann, ist es wichtig, die Traumbotschaften deuten zu können und damit auch die inneren Zeitpläne oder Zeithorizonte verstehen zu lernen. Die seelischen Verarbeitungsrhythmen können sich wesentlich von den bewußt geplanten Lebensetappen unterscheiden. Offen zu sein für die Mitteilungen der Seele, erfordert manchmal eine ausdauernde Geduld und dann wieder eine rasche Handlungsfähigkeit. Neben Zuwendung, Pflege und Training braucht das Seelenleben auch eine Atmosphäre des Vertrauens, in welcher die Tag- und die Nachtseiten eines Menschen sich begegnen können. Natürlich gibt es zwischen diesen beiden Partnern Meinungsunterschiede, Irrtümer und Rivalitäten. Aber wenn diese Konflikte ausgetragen werden, wächst das Vertrauen zwischen Sonne und Mond, zwischen Bewußtem und Unbewußtem. Ein begründetes Vertrauen zur Qualität der seelischen Empfindungen macht es der bewußten Lebensgestaltung z. B. möglich, bestimmte Entscheidungen vorzuziehen oder hinauszuschieben oder völlig unerwartete Entwicklungen aufzunehmen und zu nutzen, weil man sich auf ein »*deutliches Gefühl*« verlassen kann.

In der doppelten Orientierung nach Tag und nach Nacht (nach »Wasser und Geist«) wächst für den Skorpion die innere Sicherheit, daß er *sein* Leben wirklich lebt, leben wird und gelebt hat. Diese Gewißheit und jenes Vertrauen verleihen uns als Skorpionen aber auch eine fundierte und erprobte Zuversicht, die uns begleiten kann, wenn wir eines Tages oder Nachts das Zeitliche segnen. Ein Mensch kann schon lange tot sein, bevor er stirbt, und er kann lange noch leben, nachdem er gestorben ist.

Eifersucht und Wunscherfüllung

Nicht nur im Bereich der Traumdeutung ist ein wichtiges Skorpion-Merkmal das Erleben und Ausleben von Eifersucht. Die Eifersucht kann einfach Ausdruck jenes *studium* sein: eine eifrige Suche, welche berechtigte Ansprüche hochhält und insbesondere nach den verlorenen und verborgenen Seiten der eigenen oder einer anderen Person forscht. Das Ziel dieser Art von Eifersucht ist eine Wiedergeburt. Ist das Gesuchte damit gefunden und integriert, hat sich die Eifersucht, zumindest an diesem Punkt, überflüssig gemacht.

Anders verhält es sich allerdings, wenn der Skorpion den Tod nur erleidet oder aus verschiedenen Gründen so faszinierend findet, daß er gar nicht bis zu einem wirklichen Neubeginn fortschreitet. Dann ist Eifersucht *der Ersatz* einer Wiedergeburt. Man möchte andere Menschen verfügbar haben, weil man über die andere Seite des eigenen Selbst nicht verfügt. Man möchte Verluste abwehren und merkt doch nicht, was man von sich selber vielleicht schon lange verloren hat (und jetzt wiederfinden könnte). Man leistet Widerstand und weiß nicht (mehr), *wofür* man kämpft. Protest, Opposition, Fundamentalkritik, Skepsis und Zweifel können sich verewigen, zu Selbstläufern werden, wenn Schmerz und Wut über den Tod oder einen erlittenen Verlust mächtiger sind als Trauer und Leidenschaft, welche zu Wiedergeburt und erneuter Wunscherfüllung geleiten. Im Traum können der Eifersucht als Ersatzbefriedigung viele Formen von Auseinandersetzung, viele Arten von Ohnmachts- und Übermachtserfahrung entsprechen.

Ganz entscheidend ist es für den Skorpion, immer wieder zu seinen Bedürfnissen vorzustoßen und jene Ziele und Wünsche aufzufinden, für die er sich mit nachdrücklichem Eifer und mit befriedigendem Erfolg einsetzen kann. Scheinbar unverständliche Emotionen geben oft den ersten Hinweis: »Weinen bei einem sentimentalen Liebesroman. Nicht begreifen, woher der

Schmerz kommt... Wut dicht unter der Oberfläche«
(Meulenbelt). Die Träume in ihrer Gesamtheit können
dabei helfen, Gefühle genauer zu beachten – und zu erfahren, welche Bedürfnisse dahinterstehen.

Aus der Sicht des Skorpions ist dies auch der vor-
nehmste Zweck einer Traumdeutung: Methoden zu besitzen, welche der Vielfalt der seelischen Empfindungen
gerecht werden; welche nicht erneut wesentliche Seiten
der eigenen Befindlichkeit »vergessen«; und welche
zum aktuellen Zentrum der Bedürfnisse hinführen.
Einige Tips und Vorschläge für die selbständige Traumbeobachtung finden sich auf den nächsten Seiten.

Sexuelle Traumvorstellungen
beim Skorpion

Wie in anderen Lebensbereichen auch, reizt den Skorpion in der Sexualität das Tabu. Dabei ist die Sexualität
selbst zumindest teilweise ein Tabu; also liegt für den
Skorpion ein doppelter Reiz in sexuellen Tabuzonen.
Die entsprechenden Traum- und Wunschvorstellungen
besitzen auf der einen Seite ihren Wert und ihren Zweck
für sich. Auf der anderen Seite ist auch die Sexualität
Symbol und Gleichnis.

Wer Tabus erforscht, sucht z. B. auf der anderen Seite
nach neuen Grenzen, nach Grenzen, an die er oder sie
sich halten kann. – Sexualität bedeutet vom Wort her
»Geschlechtlichkeit«. Diese spielt in *alle* Lebensberei-
che hinein. Denn daß wir jeweils einen *bestimmten*
Körper und ein bestimmtes Geschlecht besitzen, ist eine
allgegenwärtige Tatsache, die (nicht nur) in den großen
Ereignissen des Lebens bis hin zu Geburt, Hoch-Zeit

und Tod besonders hervortritt. Mit anderen Worten, es findet sich in der Sexualität als Geschlechtlichkeit die Grunderfahrung des Skorpions wieder, sich selbst als bestimmten, einmaligen Menschen mit eigener Zeitlichkeit zu erleben.

Weil die Geschlechtlichkeit einen Teil jeder Lebensäußerung darstellt, ist es auch kein Wunder, wenn der Möglichkeit nach jedes Ereignis, jeder Gedanke, jede Empfindung auch eine sexuelle Bedeutung besitzen kann. Darauf aufmerksam zu achten, heißt, die eigene Geschlechtlichkeit zu beachten und die persönlichen Leidenschaften zu kultivieren.

Die bewußte genitale Sexualität ist dabei ein Ziel- und Höhepunkt, welcher in sich wiederum Selbstzweck und Gleichnis darstellt: Indem wir lernen, unsere Triebe und Bedürfnisse ernstzunehmen, diese zu entwickeln und auf einen Brennpunkt zuzuspitzen, gelangen wir in die Lage, alle Energien eines Augenblicks auf einen Punkt zu bringen – in jedem Bereich unseres Lebens.

Vorschläge zur Traumbeobachtung

Für das selbständige Verständnis Ihrer Träume (und wenn es nötig ist: auch für die Distanz zu ihnen) sollen folgende Tips und Regeln vorgeschlagen werden.

Alles ist wichtig, so lautet ein erster Grundsatz. Aufmerksam jedes Detail, jeden Zusammenhang beachten. Woran erinnern Sie sich nach dem Traum? Was fühlen Sie im Moment des Gewahrwerdens? Vergessen Sie erst einmal jede Bewertung. Hauptsache, Sie sehen in Ihrer

Vorstellung einigermaßen das vor sich, wovon Sie wohl geträumt haben. Hauptsache, Ihr Gefühl und Ihre Empfindungen finden im halb- oder ganzwachen Zustand die Bilder, Eindrücke und Abläufe aus Ihren Träumen wieder.

Führen Sie die Kamera. Sobald Sie Ihre Traumbilder genügend deutlich vor Ihrem geistigen Auge sehen, gehen Sie in die einzelnen Bilder hinein. Stellen Sie sich vor, Sie seien ein Beleuchter, der eine Szene nach unterschiedlichen Richtungen ausleuchtet, oder eine Kamerafrau, die die Szene nacheinander von mehreren Standpunkten aus betrachten kann.

Achten Sie auf Ihre Beobachtungen. Oft passieren in einer Traumsequenz mehrere Handlungen zugleich. Unterschiedliche Argumente, Ereignisse, Gefühle und Taten können gleichzeitig wirken. Versuchen Sie zu unterscheiden. Halten Sie fest, was für Sie wichtig erscheint.

Seien Sie ehrlich sich selber gegenüber. Legen Sie sich Zeugnis davon ab, was Sie im Traum gesagt und getan, gespürt und gedacht haben. Alles ist wichtig. Keine/r kennt Ihren Traum außer Ihnen. Stellen Sie für sich fest, was (Traum-)Sache ist.

Drücken Sie den Ablauf eines Traumes in Ihren Worten aus. Sagen (oder schreiben) Sie sich in Worten und Sätzen die Traumgeschichte auf. Wenn es sein muß, kurz. Aber verzichten Sie nicht darauf.

Speichern Sie Ihren Traum. Merken Sie sich nun Ihren Traum mit seinen Bildern und Eindrücken, mit seinen verschiedenen Szenen und Ihren Beobachtungen. Merken Sie sich die Traumgeschichte, wie Sie sich auch eine Einkaufsliste merken.

Legen Sie Abstand zu Ihrem Traum ein. Sie kennen jetzt Ihren Traum. Stellen Sie sich vor, irgendein guter Freund oder eine gute Freundin hätte ihn just Ihnen erzählt. Wie würden Sie darüber urteilen? Was denken Sie, und was tun Sie unterdessen?

Sammeln Sie Ideen zur Bewertung. Bevor Sie den Traum bewerten, sammeln Sie Ideen, welche Bedeutungen hier vernünftiger- und verrückterweise zutreffen können.

Versuchen Sie die Logik oder Unlogik zu verstehen. Wenn der Traum insgesamt – mit seinen verschiedenen Teilen, Brüchen oder Widersprüchen – einen Sinn oder auch einen bestimmten Unsinn darstellen soll, worin kann diese Logik oder Unlogik bestehen?

Entscheiden Sie sich für eine geeignete Interpretation. Kommen Sie zu einer Entscheidung. Was unklar bleibt, darf unklar bleiben. Nur merken sollten Sie sich dieses. Gibt es mehrere stimmige Interpretationen, merken Sie sich diese Stück für Stück, und legen Sie Ihre nächsten Schritte fest.

Sagen Sie sich Ihre Interpretation. Leise oder laut – sprechen Sie ihr Urteil unzweideutig aus.

Stellen Sie (zwei) Aufgaben fest, die sich aus der Interpretation ergeben. Formulieren Sie diese Aufgaben unmißverständlich für sich und beginnen Sie mit der Erledigung.

Geben Sie sich Rechenschaft. Legen Sie sich regelmäßig Rechenschaft ab – über Ihre Traumbilder und Ihre Beobachtungen dazu. Über Ihre Interpretationen (Bedeutungsvorstellungen) und die Erledigung Ihrer persönlichen Aufgaben.

Beziehen Sie sich auf die Reaktionen von Mitmenschen. Vergegenwärtigen Sie sich Reaktionen von anderen auf Ihr Verhalten. Lassen Sie diese gelten und beziehen Sie sie in Ihre Selbst-Rechenschaft mit ein.

Beziehen Sie sich auf Ihre sonstigen Träume und Überzeugungen. Beziehen Sie sich bei Interpretation, Anwendung und Überprüfung (Rechenschaft) auf Ihre früheren oder sonstigen Auffassungen.

Beziehen Sie sich auf Ihre Wünsche und Ängste. Weinen Sie und lachen Sie. Es tut gut, wenn man weiß, warum man begehrt und warum man träumt: Um mit Leib und Seele Mensch und »Ich« zu sein.

Weitere Hinweise

Umkehrungen und Vertauschungen gehören generell zum Traumgeschehen. Sie bedeuten, daß jeder erdenkliche Zusammenhang in verkehrter Proportion, in vertauschter Abfolge oder verwechselter Wirkungsrichtung auftauchen kann. Der Täter erscheint z. B. als Opfer, oder der Mittelpunkt am Rande, der Hintergrund im Vordergrund, die Zukunft in der Vergangenheit usw. Eine bekannte Szenerie nimmt eine völlig unbekannte Bedeutung an – Vertrautes findet unter unmöglichen Umständen statt usw. usw.

Personentausch ist ein zentrales Element der Traumbildung. Jede Person, die im Traum auftritt, kann
- die sein, für die sie sich ausgibt bzw. als die sie im Traum angesehen wird, oder
- eine Darstellungsform der eigenen Person der Träumerin oder des Träumers sein oder
- eine dritte Person vertreten oder
- etwas Unpersönliches verkörpern.

Selbst wenn diese Person im Traum ein bekannter Mitmensch ist (Partnerin, Kind, Kollege), kann diese Traumperson dennoch eine Art Verkleidung für die Person der/des Träumenden sein oder an jemand ganz anderen erinnern oder Unpersönliches – z. B. eine Idee – zur Vorstellung bringen.

Personalauswahl. Achten Sie einmal darauf, über eine gewisse Zeit hinweg, wer in Ihren Träumen erscheint. – Sehen Sie sich selbst in voller Lebensgröße in Ihren Träumen? – Wenn sich in Träumen Unangenehmes häuft, wer tritt dabei vorzugsweise auf? Wenn Schönes im Traum geschieht, welche Personen sind da?

Zeitverschiebung. Jede/r kann sich selbst als Kind, Erwachsene/r oder Greis/in im Traum begegnen. Jedes Alter kann der Gegenwart im Traum entsprechen.

Ortsveränderung. Jede/r kann sich an jedem Ort, von dem er/sie überhaupt Kenntnis hat, im Traum wiederfinden. Jeder Ort im Traum kann symbolisch der tatsächlichen Lage und dem momentanen Standpunkt der/des Träumers/in entsprechen.

Belebung von Unbelebtem. Was die Märchen und der Computer-Bildschirm können – Unbelebtes zum Leben animieren, das machen die Träume wie selbstverständlich auch. Dinge sprechen oder schweigen beredt. Räume erzeugen Spannungsfiguren usw. Ferner hängt mit der Animation von Unbelebtem auch eine Auflösung der üblichen Eigenschaftsmerkmale zusammen. Farben erzeugen dann z. B. Klänge, Worte verströmen Gerüche, Pferde beginnen zu fliegen, Fische zu laufen und Vögel zu schwimmen.

Die Macht der alten Versprechungen

Der Skorpion
im Spiegel des Märchens

»In den alten Zeiten, wo das Wünschen noch geholfen hat…« Dieser Satz leitet nicht nur die Geschichte vom Froschkönig ein, sondern bildet auch das Eröffnungsmotiv, welches die Brüder Grimm (in der letzten von ihnen selbst redigierten Ausgabe von 1857) *allen* gesammelten Märchen voranstellen. Denn das Märchen »Der Froschkönig oder der eiserne Heinrich« steht am Anfang ihrer »Kinder- und Hausmärchen«.

Der Titel der »Kinder- und Hausmärchen« ist manchmal im Sinne der Harmlosigkeit mißverstanden worden. Es stimmt allerdings, daß die Brüder Grimm etliche Märchen so bearbeitet haben, daß manch anstößige Stelle »weggebügelt« wurde. Doch das ist nur ein Aspekt.

Die Arbeit der Brüder Grimm muß auch so verstanden werden, daß mittels der Märchensammlung erstmals *»Kindheitserfahrungen und Hausintimitäten«* eine literarische und sprachliche Bedeutung erhielten. Wie das Volk zur gleichen Zeit um seine Rechte und die Deutschen um ihre nationale Existenz kämpften, so drückt das Lebenswerk der Brüder Grimm *auch* ein Ringen um kulturelle Identität, um freien Atem und freie Rede aus. Dafür nahmen Jacob und Wilhelm Grimm u.a. in Kauf, daß sie wegen Teilnahme am Protest der »Göttinger Sieben« amtsenthoben und ausgewiesen wurden.

116

Märchen, bis dato nicht druckfähig und in der Schriftwelt daher *sprachlos*, bekamen ein Sprachrohr. Wie die einfachen Stände im 19. Jahrhundert zunehmend Bildung und Wissenschaft für sich einforderten und erwarben, so war die Sammlung und Veröffentlichung der Märchen *auch* ein Akt der Emanzipation.

Märchen heute schlagen nun eine Brücke in die Zeit zurück, die im Sinne der Schrift- und Kulturwelt sprachlos war. Dieser Zusammenhang gilt für die Historie der Gesellschaft, aber ebenso für die individuelle Geschichte. Auch persönlich gab es und gibt es »sprachlose« Zeiten, und in diese und durch diese begleiten uns die Märchen. Der langjährige Präsident der Europäischen Märchengesellschaft, Dr. Wolfdietrich Siegmund führt dazu aus: »Märchen versprechen nicht nur, sie verwirklichen das, wovon sie reden, wenn sie von einer goldenen Zeit erzählen: ›als das Wünschen noch geholfen hat‹. Während sie davon erzählen, von jenem Ursprung, als das menschliche Denken noch nicht vorausschauen konnte, als Sehen, Erkennen, Wünschen und Erlangen noch ein und dasselbe war, werden Wünsche zu Taten.«

Auch andere Märchen weisen interessante Bezüge zur Skorpion-Symbolik auf. Z. B. »Dornröschen« (Spindel und Dornen = Skorpion-Stachel; hundertjähriger Schlaf = Stirb und werde; die »vergessene« *dreizehnte* Fee; der Frosch; der Kinderwunsch als Bedürfnis, das (eigene) Leben fruchtbar zu machen). Oder die verschiedenen Märchen vom Tod als »Gevatter«. Sehr spannend und lesenswert zur Skorpion-Thematik auch das spanische Märchen »Die Frau, die auszog, ihren Mann zu erlösen«. Aber der »Froschkönig« erhält eindeutig den Vorzug. Denn hier geht es ausdrücklich um die Kraft des Verlangens und um die Macht alter Versprechungen. Und darin muß sich der Skorpion auskennen.

Der Froschkönig oder der eiserne Heinrich

In den alten Zeiten, wo das Wünschen noch geholfen hat, lebte ein König, dessen Töchter waren alle schön; aber die jüngste war so schön, daß die Sonne selber, die doch so vieles gesehen hat, sich verwunderte, sooft sie ihr ins Gesicht schien. Nahe beim Schlosse des Königs lag ein großer dunkler Wald, und in dem Walde unter einer alten Linde war ein Brunnen: wenn nun der Tag recht heiß war, so ging das Königskind hinaus in den Wald und setzte sich an den Rand des kühlen Brunnens: und wenn sie Langeweile hatte, so nahm sie eine goldene Kugel, warf sie in die Höhe und fing sie wieder; und das war ihr liebstes Spielwerk.

Nun trug es sich einmal zu, daß die goldene Kugel der Königstochter nicht in ihr Händchen fiel, das sie in die Höhe gehalten hatte, sondern vorbei auf die Erde schlug und geradezu ins Wasser hineinrollte. Die Königstochter folgte ihr mit den Augen nach, aber die Kugel verschwand, und der Brunnen war tief, so tief, daß man keinen Grund sah. Da fing sie an zu weinen und weinte immer lauter und konnte sich gar nicht trösten. Und wie sie so klagte, rief ihr jemand zu: »Was hast du vor, Königstochter? Du schreist ja, daß sich ein Stein erbarmen möchte.« Sie sah sich um, woher die Stimme käme, da erblickte sie einen Frosch, der seinen dicken, häßlichen Kopf aus dem Wasser streckte. »Ach, du bist's, alter Wasserpatscher«, sagte sie, »ich weine über meine goldene Kugel, die mir in den Brunnen hinabgefallen ist.« – »Sei still und weine nicht«, antwortete der Frosch, »ich kann wohl Rat schaffen, aber was gibst du mir, wenn ich dein Spielwerk wieder heraufhole?« – »Was du haben willst, lieber Frosch«, sagte sie, »meine Kleider, meine Perlen und Edelsteine, auch noch die goldene Krone, die ich trage.« Der Frosch antwortete: »Deine Kleider, deine Perlen und Edelsteine und deine goldene Krone, die mag ich nicht: aber wenn du mich liebhaben willst und ich soll dein Geselle und Spielkamerad sein, an deinem Tischlein neben dir sitzen, von deinem goldenen Tellerlein essen, aus deinem Becherlein trinken, in deinem Bettlein schlafen: wenn du mir das versprichst, so will ich hinuntersteigen und dir die goldene Kugel wieder heraufholen.« – »Ach ja«, sagte sie, »ich verspreche dir alles, was du willst, wenn du mir nur die Kugel wieder bringst.« Sie dachte aber: Was der einfältige Frosch schwätzt, der sitzt im Wasser bei seinesgleichen und quakt und kann keines Menschen Geselle sein.

Der Frosch, als er die Zusage erhalten hatte, tauchte seinen Kopf unter, sank hinab, und über ein Weilchen kam er wieder heraufgerudert, hatte die Kugel im Maul und warf sie ins Gras. Die Königstochter war voll Freude, als sie ihr schönes Spielwerk wieder erblickte, hob es auf und sprang damit fort. »Warte, warte«, rief der Frosch, »nimm mich mit, ich kann nicht so laufen wie du.« Aber was half es ihm, daß er ihr sein quak quak so laut nachschrie, als er konnte! Sie hörte nicht darauf, eilte ins Haus und hatte bald den armen Frosch vergessen, der wieder in seinen Brunnen hinabsteigen mußte.

Am andern Tage, als sie mit dem König und allen Hofleuten sich zur Tafel gesetzt hatte und von ihrem goldenen Tellerlein aß, da kam, plitsch platsch, etwas die Marmortreppe heraufgekrochen, und als es oben angelangt war, klopfte es an die Tür und rief: »Königstochter, jüngste, mach mir auf.« Sie lief und wollte sehen, wer draußen wäre, als sie aber aufmachte, so saß der Frosch davor. Da warf sie die Tür hastig zu, setzte sich wieder an den Tisch, und es war ihr ganz angst. Der König sah wohl, daß ihr das Herz gewaltig klopfte, und sprach: »Mein Kind, was fürchtest du dich, steht etwa ein Riese vor der Tür und will dich holen?« – »Ach nein«, antwortete sie, »es ist kein Riese, sondern ein garstiger Frosch.« – »Was will der Frosch von dir?« – »Ach lieber Vater, als ich gestern im Wald bei dem Brunnen saß und spielte, da fiel meine goldene Kugel ins Wasser. Und weil ich so weinte, hat sie der Frosch wieder heraufgeholt, und weil er es durchaus verlangte, so versprach ich ihm, er sollte mein Geselle werden; ich dachte aber nimmermehr, daß er aus seinem Wasser herauskönnte. Nun ist er draußen und will zu mir herein.« Indem klopfte es zum zweitenmal und rief:

»Königstochter, jüngste,
Mach mir auf,
Weißt du nicht, was gestern
Du zu mir gesagt
Bei dem kühlen Brunnenwasser?
Königstochter, jüngste,
Mach mir auf.«

Da sagte der König: »Was du versprochen hast, das mußt du auch halten; geh nur und mach ihm auf.« Sie ging und öffnete die Türe, da hüpfte der Frosch herein, ihr immer auf dem Fuße nach, bis zu ihrem Stuhl. Da saß er und rief: »Heb mich herauf zu dir.« Sie zauderte, bis es endlich der König befahl. Als der Frosch erst auf dem Stuhl war, wollte er auf den Tisch, und als er da saß, sprach er: »Nun schieb mir dein goldenes Tellerlein näher, damit wir zusammen essen.« Das tat sie zwar, aber man sah wohl, daß sie's nicht gerne tat. Der Frosch ließ sich's gut schmecken, aber ihr blieb fast jedes Bißlein im Halse. Endlich sprach er: »Ich habe mich sattgegessen und bin müde; nun trag mich in dein Kämmerlein und mach dein seiden Bettlein zurecht, da wollen wir uns schlafenlegen.« Die Königstochter fing an zu weinen und fürchtete sich vor dem kalten Frosch, den sie nicht anzurühren getraute, und der nun in ihrem schönen reinen Bettlein schlafen sollte. Der König aber ward zornig und sprach: »Wer dir geholfen hat, als du in der Not warst, den sollst du hernach nicht verachten.« Da packte sie ihn mit zwei Fingern, trug ihn hinauf und setzte ihn in eine Ecke. Als sie aber im Bett lag, kam er gekrochen und sprach: »Ich bin müde, ich will schlafen so gut wie du; heb mich herauf, oder ich sag's deinem Vater.« Da ward sie erst bitterböse, holte ihn herauf und warf ihn aus allen Kräften wider die Wand. »Nun wirst du Ruhe haben, du garstiger Frosch.«

Als er aber herabfiel, war er kein Frosch, sondern ein Königssohn mit schönen und freundlichen Augen. Der war nun nach ihres Vaters Willen ihr lieber Geselle und Gemahl. Da erzählte er ihr, er wäre von einer bösen Hexe verwünscht worden, und niemand hätte ihn aus dem Brunnen erlösen können als sie allein, und morgen wollten sie zusammen in sein Reich gehen. Dann schliefen sie ein, und am andern Morgen, als die Sonne sie aufweckte, kam ein Wagen herangefahren, mit acht weißen Pferden bespannt, die hatten weiße Straußfedern auf dem Kopf und gingen in goldenen Ketten, und hinten stand der Diener des jungen Königs, das war der treue Heinrich. Der treue Heinrich hatte sich so betrübt, als sein Herr war in einen Frosch verwandelt worden, daß er drei eiserne

Bande hatte um sein Herz legen lassen, damit es ihm nicht vor Weh und Traurigkeit zerspränge. Der Wagen aber sollte den jungen König in sein Reich abholen; der treue Heinrich hob beide hinein, stellte sich wieder hinten auf und war voller Freude über die Erlösung. Und als sie ein Stück Wegs gefahren waren, hörte der Königssohn, daß es hinter ihm krachte, als wäre etwas zerbrochen. Da drehte er sich um und rief:

>>Heinrich, der Wagen bricht.<<
>>Nein, Herr, der Wagen nicht,
Es ist ein Band von meinem Herzen,
Das da lag in großen Schmerzen,
Als Ihr in dem Brunnen saßt,
Als Ihr ein Fretsche wast.<<

Noch einmal und noch einmal krachte es auf dem Weg, und der Königssohn meinte immer, der Wagen bräche, und es waren doch nur die Bande, die vom Herzen des treuen Heinrich absprangen, weil sein Herr erlöst und glücklich war.

Die goldene Kugel

Die Kugel ist ein Symbol der Ganzheit, der Vollkommenheit. Eine *goldene* Kugel ist als Reichsapfel Zeichen der königlichen Macht. Im Symbol des Reichsapfels wiederum leben Vorstellungen von Unsterblichkeit, von einer ewigen Fruchtbarkeit der Erde fort, welche bis in mythische Zeiten zurückzuverfolgen sind. Die goldenen >>Äpfel der Hesperiden<< waren im altgriechischen Mythos ein Geschenk der Erdgöttin Gäa zur Hochzeit von Zeus und Hera. >>Am Westgestade des großen Weltenmeeres«, also zum Sonnenuntergang hin, ließ Gäa »einen ästereichen Baum voll goldener Äpfel wachsen. Vier Jungfrauen, Hesperiden genannt, Töchter der Nacht, waren die Wärterinnen dieses heiligen Gartens. Außerdem bewachte ihn noch ein hundertköpfiger Drache, Ladon…« Herakles (Herkules) gelingt es mit Vertrauen auf den Zufall und mit List die ihm gestellte Aufgabe zu erfüllen und die goldenen Äpfel zu pflücken. – Diese alte Erzählung (die man auch in Beziehung zum berühmten Apfelklau im Garten Eden sehen kann) lebt in manchen Märchen weiter. Etwa in »Der Teufel mit den drei goldenen Haaren«. Und auch im vorliegenden Märchen, in welchem die goldene Kugel der Königstochter liebstes Spielzeug ist.

Die goldene Kugel stellt zusätzlich ein verbreitetes Sonnensymbol dar. Der Märchentext nennt auch sogleich die Sonne in Verbindung mit dem Königskind. In der Astrologie oder der Traumdeutung bedeutet die Sonne das Zentrum der schöpferischen Kräfte – Herz, Wille und Bewußtsein.

Wenn nun die Königstochter ihre goldene Kugel verliert, vermißt sie mehr als ein »Spielwerk«. Ihr schöpferisches Bewußtsein, Herz und Wille gehen unter.

In den Brunnen gefallen

»Wenn sie Langeweile hatte, nahm sie eine goldene Kugel und warf sie in die Höhe…« Langeweile ist das Motiv der Königstochter. Sie spielt *grundlos*, so wie es bald vom Brunnen heißt, »daß man keinen Grund sah«. Ihr Handeln besitzt am Anfang der Geschichte keinen anderen Grund als den der Langeweile. Ihrer »goldenen Kugel« – ihrer Sonne, ihrem Willen, ihrer bewußten Lebenskraft – fehlt die Tiefe. Die Sonne, so erfahren wir, scheint der Prinzessin ins Gesicht. So kennt sie ihren Schatten nicht. Sie ist »reines« Bewußtsein, »reiner« Wille (die Reinheit wird später im Zusammenhang mit ihrem Bettchen ausdrücklich benannt). Ganz anders der Frosch im »tiefen, so tiefen« Brunnen im großen dunklen Walde unter der alten Linde. Er stellt einen schattenhaften Willen und ein Schatten-Bewußtsein dar, das nicht von ungefähr, sondern »nahe« bei dem Schlosse des Königs existiert.

Wenn »ein Kind in den Brunnen fällt«, verliert es seine »goldene Kugel« aus der Hand. Die ursprüngliche Ganzheit der Lebenserfahrung, der Lebensäußerung geht dahin. Sobald mit Licht und Schatten, mit Schloß und Brunnen »die Einheit in die Polarität fällt«, wird das Leben in seinen Gegensätzen erfahren. Das schließt die Bekanntschaft mit der Existenz des Todes ein; im Kapitel zur Traumdeutung haben wir bereits erfahren, daß das Eintauchen und Untergehen ein Todessymbol sein kann.

Der alte, unbefragte Wille, die alte, selbstverständliche Daseinsfreude sterben.

Versprechen und Verlangen

Von daher versteht sich auch die Wortmeldung des Frosches »Was hast du vor«: Die Frage nach dem eigenen Willen – nun, wo das Wünschen nicht einfach mehr hilft – ist die erste und entscheidende Frage, die jetzt *auftaucht*. Was den Frosch hervorruft und anzieht, ist das Weinen der Königstochter, ihr trostloses Klagen über den erlittenen Verlust. Sich selbst charakterisiert der Frosch durch den Vergleich mit dem Stein, der sich erbarmen möchte. (Es ist sinngemäß derselbe Stein, der später dem treuen Heinrich vom Herzen fällt.) Die Prinzessin erlebt ihn als eine *Stimme*, von der sie zuerst nicht weiß, woher sie stammt.

Königstochter und Frosch beginnen nun ein Wechselspiel des Versprechens und des Verlangens. »Was gibt du mir?« – »Was du haben willst.« – »Wenn du mir alles versprichst...« – »Ich verspreche dir alles, was du willst.« – Als der Frosch seine Tauch-Aufgabe erfüllt hat, trägt er die »Kugel im Maul«. Er hat »Gold im Mund«. Dennoch, seine Worte verhallen erst einmal ungehört. Die Königstochter »hatte bald den armen Frosch vergessen, der wieder in seinen Brunnen hinabsteigen mußte«.

Who is who?

Betrachten wir bis zu diesem Stand der Geschichte die auftretenden Personen und Kräfte einmal im Zusammenhang. Da ist die *Königstochter* als eine Verkörperung eines »reinen« Willens, einer schatten- und tiefelosen Lebensfreude, welche unverbindlich und bedeutungslos bleibt, weil sie Dinge verspricht, die sie gar nicht will.

Der *Frosch* ist die Personifizierung eines Verlangens, das aus der Tiefe kommt. Dieses Verlangen ist unbekannt, sieht dick und häßlich aus. Dieses Verlangen besorgt nicht nur den Schatz aus der Tiefe, sondern – wie der Frosch zeigt – es weiß zu jeder Zeit genau, was es will. Dieses Verlangen ist anspruchsvoller als Gold und Edelsteine. Und es gleicht einem Stein – welcher in der Tiefenpsychologie u. a. als ein *Symbol des Selbst* gilt.

Das, was man sich bewußt wünscht (Königstochter), und das, was man unbewußt *braucht und verlangt* (Frosch), hat sich voneinander getrennt – im Unterschied zu jenen alten Zeiten, wo das Wünschen noch geholfen hat, – Zeiten, in welchen Wunsch und Erfüllung, Verlangen und Wille »noch« eine Einheit gebildet haben. Der Vertreter dieser alten Zeiten aber ist der König; so ist es in vielen Märchen üblich, eine bestimmte alte Ordnung in der Figur des Königs darzustellen. Der König der vorliegenden Erzählung beschreibt seine Auffassung und seine Funktion selber, wenn er im weiteren Verlauf erklärt: »Was du versprochen hast, das mußt du auch halten...« Er setzt sich für die Einheit von Wunsch und Wille, von Versprechen und Verlangen ein.

Man könnte meinen, neben dem väterlichen König fehle eine mütterliche Gestalt in diesem Märchen. Diese Beobachtung ist nicht unwichtig, wenn wir das Märchen als Beziehungsdrama betrachten (vgl. Anmerkung Seite 150). Aber fehlt das Mütterliche in diesem Märchen wirklich? Oder tritt es nicht vielmehr in verborgener, unpersönlicher Gestalt auf?

Die alte Ordnung, wo Wunsch und Erfüllung, Wort und Tat eins waren, lebt in diesem Märchen noch. Der König bringt Erfahrungen zur Geltung, welche die Menschheit und vielleicht jedes Individuum auf einer frühen Entwicklungsstufe gemacht hat: Die einer »goldenen« Einheit, die ganz und gar »eine runde Sache« war, eine »königliche« Kugelwelt. Das Mütterliche ist dabei gleich doppelt vertreten. Es tritt – wie in anderen Symbolzusammenhängen, so auch hier – als *Schloß* auf, als bergende, prächtige Lebenswelt, und es existiert, davon abgegrenzt, als großer dunkler *Wald* und als *Brunnen*.

Der Wald bedeutete in den Zeiten, als dieses Märchen entstand, einen Ort der Dunkelheit und der Wildheit, oft auch der Verirrung und des Chaos. (Man darf den Wald im Märchen nicht mit dem heutigen, gelichteten und oftmals kranken Wäldern vergleichen.) Der Brunnen ist ein Symbol des weiblichen Geschlechts. Er verweist auf unsere Geburt aus der je eigenen Mutter und auf unsere gemeinsame Herkunft aus der Mutter Erde. Über das Geschlecht kommt beim Symbol des Brunnens auch die Sexualität ins Spiel; über die Erinnnerung der eigenen Abstammung auch die Zeitlichkeit, die Erfahrungen von Werden und Vergehen. All dies mischt sich im Frosch, der deshalb gut den astrologischen Skorpion repräsentiert. Unerfüllte, vom Bewußtsein unausgesprochene Wünsche und Begehren verkörpert der Frosch zusammen mit Geschlechtlichkeit und Sterblichkeit.

In den alten Zeiten, in denen Kultur und Zivilisation noch in der Wiege lagen, kannten viele Mythen dieses Doppelgesicht der Mutter (Erde) als nährende und als abgründig-verschlingende Natur. So mag es auch jeder Säugling wiedererleben: Einerseits bedeutet die Mutter Gold, ein heimatliches Schloß, in dem jeder Wunsch – auch notgedrungen – in Erfüllung geht; andererseits ist sie abgründig-fern, Quelle des Unbekannten.

Die Unterscheidung zwischen guter und böser Mutter, zwischen Erfüllung und Nichterfüllung der existentiellen Bedürfnisse regelt die ersten Affekte, die ersten Gefühlserfahrungen. An diesen Ursprung seiner eigenen Existenzerfahrung muß der Frosch – und damit auch der Skorpion in uns – zurück, wenn er »Grund« sehen will. Die Entdeckung der Polaritäten des Lebens eröffnet die bewußtseinsmäßige Menschwerdung. Sie stellt immerhin einen Fortschritt dar. Denn die alten Zeiten, wo das Wünschen noch geholfen hat, waren auch *Notzeiten.* Der König im Märchen spricht dies aus, wenn er sagt: »Was dir geholfen hat, als du in Not warst, das sollst du hernach nicht verachten.« Die »goldene Zeit« der archaischen oder Ur-Gesellschaften war nicht allein paradiesisch, sondern auch elementar-notleidend, oft genug grausam. So auch die »goldene« frühe Kindheit eines Menschen. Den Glanz der frühen Jahre zu bewahren und den Schatten aufzuheben, der *aus derselben Quelle* stammt, darum geht es nun in diesem Märchen.

Die Wiederkehr des Verdrängten

Die Königstochter kennt Schloß und Sonne, der Frosch Brunnen und Dunkelheit. Beide sind zunächst in ihre jeweilige Welt gebannt – verhext und verzaubert. Die lichte Seite und die dunkle, unbekannte Hälfte des Bewußtseins ziehen sich aber an. Beide verlassen ihren gewohnten Bereich des Schlosses bzw. des Brunnen und des Waldes. Sie brauchen sich gegenseitig. Denn wenn die Königstochter den Frosch auch eklig findet: Ohne ihn ist ihr Leben flach und langweilig. (Ohne Rückbesinnung auf die eigene Quelle bleibt das Bewußtsein bedeutungslos und kann nicht verwirklichen, was es verspricht.) Und wenn der Frosch auch noch so genau weiß, was er will: Ohne daß ihn die Königstochter *aufhebt*, findet er keine erlösende Erfüllung.

Der froschhafte Schatten ist von »gestern«, wie er in seinem Spruch, mit welchem er Einlaß begehrt, klar macht. Er stellt den *Schatten der Vergangenheit* dar; deshalb ist es auch naheliegend, wenn der König fragt: »Steht etwa ein Riese vor der Tür?« Der Schatten der Vergangenheit zeigt sich hier aber nicht als großes Monster, sondern als kleines, unscheinbares, belästigendes Verlangen, welches langsam die Treppe hinaufkriecht.

Die »Treppe« gilt in der Traumdeutung und auch hier als ein Symbol des Übergangs; Bewußtes und Unbewußtes können miteinander in Verbindung treten. Der Frosch selbst ist ebenfalls ein Symbol des Übergangs (vom Wasser aufs Land) und, wie sich zeigen wird, des Wandels. Die Königstochter – das Tagesbewußtsein, dieses Sonnenkind – »dachte aber nimmermehr, daß er (der Frosch) aus seinem Wasser herauskönnte«. Sie hat keinen Begriff für das Unbewußte; versteht nicht, daß ES ein »Geselle«, Spielkamerad und sogar Gemahl des bewußten ICH sein kann. Erst als sie ihn mit zwei Fingern packt, *berührt* sie die Natur des Frosch-Schattens, der »ihr immer auf dem Fuße« folgte.

Die Scheidung des Schattens

Der Schatten besitzt ein Doppelwesen. In der Astrologie haben wir dieses in der zweifachen Pluto-Gestalt kennengelernt; im Tarot u. a. als verborgenes zweites Gesicht. Auch hier im Märchen besitzt der Schatten eine doppelte Bedeutung, eben als Froschkönig und als eiserner Heinrich. Wenn der Frosch – im Unterschied zu einem Riesen – die Macht des Verdrängten und des Unbekannten vor allem als etwas Unscheinbares zur Geltung bringt, so liegt darin ein interessanter Hintersinn. Das *Unscheinbare* kann auch das Un-Scheinbare, das Echte und Authentische bedeuten. Das bedeutungslose Unscheinbare muß sterben, damit die un-scheinbaren, die echten Bedürfnisse zum Vorschein kommen. Darin bestehen die Lösung und die Verwandlung. Weil beide, Königstochter und Froschkönig, in ihrem Verlangen konsequent sind, kulminieren und treffen sich endlich bewußte Wünsche und unbewußte Bedürfnisse. Dem Frosch gehen die Augen auf: Er findet zu sich und weiß sich nunmehr selbst zu helfen. In den »schönen und freundlichen Augen« des Prinzen entdeckt die Königstochter den Glanz ihres eigenen Verlangens, der sich dort spiegelt.

Die Königstochter muß das unscheinbare Schattenwesen erst einmal anfassen, d. h. annehmen; dann ihn heraufholen, d. h. aufheben; um ihn dann an der Wand (die ihren eigenen und berechtigten Widerstand darstellt) zur Offenbarung zu bringen.

Die Sonne, die zu Beginn des Märchens die Königstochter besonders in ihr Herz geschlossen hat, bewirkt zuerst eine klare Gegenüberstellung von Schloß und Brunnen, von Licht und Schatten. Herz, Wille und Bewußtsein, welche durch die Sonne symbolisiert werden, machen die Polaritäten sichtbar – ein unverzichtbarer Fortschritt, wie der Übergang vom Wasser aufs Land, denn damit wird Menschsein erst möglich; aber auch ein Verlust jener alten Zeiten. Den mag man beklagen und bitterlich beweinen wie die Königstochter. Allein, die Lage ändert sich erst, wenn der Schatten die Treppe hinauf den Weg nach »oben« findet *und* wenn nun Wille und Bewußtsein sich des Schattens annehmen. Die Not kann nun zur Tugend werden: Das Getrenntsein, die Polaritäten können sich jetzt dadurch nützlich machen, daß sie den *Schatten teilen, d.h. unterscheiden.* Auf diese Art kann das bislang Verdrängte, eben das Unscheinbare, sortiert und getrennt werden. Taugliche und untaugliche Wünsche (sinnvolle und sinnlose Ängste) lassen jetzt eine getrennte Behandlung zu, und damit wird eine neue Verbindung von Wunsch und Wille, von Wort und Tat möglich.

Die goldene Kugel wird dadurch sinngemäß ein zweites Mal geborgen und geboren, als die beiden Königskinder sich erkennen. Sie ist nun ein Zeichen des neuen Reiches, in das sie sich begeben. Diesmal weckt die Sonne die beiden auf angenehme Weise zum Aufbruch. Früher einmal hatte die Sonne den Frosch in den Brunnen getrieben (sonst wäre er vertrocknet), und früher einmal hatte die Sonne die Königstochter geblendet, indem sie so oft »ihr ins Gesicht schien«.

Doch diese Zeiten sind nach der Wandlung des Schattens ebenso vorbei wie die des alten Königs. Sie fahren in ein unbekannt-bekanntes Reich, das in neuer Weise darauf beruht, daß »das Wünschen noch geholfen hat«.

Das gerettete Herz

»Wär nicht das Auge sonnenhaft, die Sonne könnt' es nie erblicken!« heißt es bei Goethe, und dies mag besonders für die Königstochter zutreffen. Der Frosch wiederum hätte nie die goldene Kugel aus dem dunklen Brunnengrund emporheben können, wenn nicht auch tief *in* ihm eine Sonne gespeichert oder vorhanden gewesen wäre. Die Sonne haben beide auf ihre Art verteidigt; deshalb kamen sie zueinander; und darum können sie schließlich im gemeinsamen *Wagen* auf den Weg gehen.

Der treue Heinrich ist ihr Selbstbewußtsein und ihr Verlangen, sich selbst treu zu bleiben. Dieses »eiserne« Begehren wird – wie die Ketten des Gefährts es verdeutlichen – schließlich vergoldet. Vor der Verwandlung des Schattens aber war es unsichtbar und wirkte als Sehnsucht aus dem Verborgenen.

»Heinrich«, d. h. im Althochdeutschen »Hauskönig«, hat nicht nur sein Herz bewahrt; er selbst verkörpert das gerettete Herz, das über eine lange Durststrecke des Wehs und der Traurigkeit die Sehnsucht nach Ganzheit und den Wunsch nach Erlösung festgehalten und damit die erfolgreiche Verwandlung in *beiden* Königskindern möglich gemacht hat.

Heinrich, der »Hauskönig«, wirkt hier als Diener. Herz und Sonne – Bewußtsein, Geist und Wille (Begriffe, die auch im Symbol der geschmückten acht weißen Pferde enthalten sind) – bieten ihre Dienste an, damit nunmehr taugliche Versprechungen gemacht und gehalten, damit verwandelte, geläuterte Wünsche auf den Weg gebracht und erfüllt werden können. Dreimal kracht es. Die zerbrechenden Bande wiederholen die Scheidung des Schattens. Die Offenbarung der beiderseitigen Leidenschaften im Zimmer der Königstochter war, so gesehen, nur ein kleines Vorspiel für die Freude eines befreiten und wiedergewonnenen Herzens, das seine Fesseln sprengt.

Entsprechungen zum Skorpion

Unter der Perspektive des Skorpions ergeben sich interessante Entsprechungen zwischen dem Märchen und anderen Symbolsprachen. Der »Wagen« ist im Tarot die große Karte VII, sie bezeichnet genau den Weg, welchen der Skorpion zurücklegen muß, um vom »Tod« (Karte XIII) zur Wiedergeburt im »Gericht« (Äon) (Karte XX) zu gelangen. Der »Wagen« bedeutet im Tarot die selbständige Lebenserfahrung, das Wagnis und die Beweglichkeit, welche aus der *Verbindung von Bewußtem und Unbewußtem* entspringen; eben diese Verbindung stellt die Hochzeit der Königskinder im Märchen her.

Ein weißes Pferd treffen wir im Rider-Tarot innerhalb der sogenannten »großen« Karten zweimal an: Einmal trägt es das Sonnenkind (Karte XIX–Die Sonne, in diesem Buch nicht abgebildet), ein andermal den Tod oder schwarzen Schatten (Karte XIII, s. S. 72). Der weiße Pferd (das auch außerhalb des Tarot eine wichtige Rolle als Symbol spielt, vgl. z. B. die Gestalt der Lady Godiva) verkörpert eine Lebenskraft, die ihren Schatten entweder nicht kennt oder aber wieder aufgehoben hat. Das weiße Pferd bedeutet – so oder so – einen elementaren Trieb; bei »Sonne« und »Tod« im Tarot kann man an Sigmund Freuds Liebes- und Lebenstrieb (Eros) und den sog. Todestrieb (Thanatos) denken. Die acht weißen Pferde, welche im Märchen schließlich den Wagen ziehen, können bedeuten, daß den beiden verwandelten und liebenden Königskindern eine Verbindung im Umgang mit diesen elementaren Lebensenergien gelingt, die sie inzwischen in goldene Zügel gelegt haben.

Sigmund Freud erklärte wiederholt, »die Wiederkehr des Verdrängten (sei) das eigentliche Problem« (dem sich die moderne Psychologie zu widmen habe). Dies mag die Dramatik unterstreichen, wenn im Märchen das Verdrängte langsam die Treppe hochsteigt. Zugleich kann die Lösung des Märchens Hoffnung machen, daß wir es lernen können, den Schatten aufzuheben.

Heinrich, der Kettensprenger, entspricht in der Astrologie dem Uranus. Dessen Kennzeichen ist u. a. eine aus der Bahn springende Sonne (vgl. die goldene Kugel zu Beginn des Märchens); er bedeutet u. a. den Mut zur Unkonventionalität, Freiheits- und Veränderungsdrang, eine Verteidigung der Unabhängigkeit, welche bestehende Verpflichtung aufbricht. Dieser Uranus ist im Skorpion erhöht. Das heißt, wenn der Skorpion in uns seine Interessen und sein Potential verwirklichen möchte, muß er sich auf den Uranus hin entwickeln. Auf der erhöhten Stellung im Skorpion ist die Grundlage der Uranus-Eigenschaften die Treue zu und die Sehnsucht nach sich selbst, und diese finden wir in der Gestalt des eisernen Heinrichs wieder.

Die Entdeckung der »schönen und freundlichen Augen« (der Liebe) im Märchen bedeutet auch, daß der Skorpion mit dem Erfolg seines Verlangens sein Ziel erreicht: Er gelangt an die Grenze seines Zeichens und eröffnet den Übergang zum nachfolgenden Schützen, dessen Definition lautet: »Ich sehe«.

Jede der vier Kelch-Karten des Tarot, die dem Skorpion zugeordnet sind, läßt sich sinngemäß im vorliegenden Märchen wiederfinden. Ebenso die Bedeutungen von Tod und Wiedergeburt im Traum. Aber wir wollen nicht alle Bedeutungen erschöpfen. Ohne Geheimnis keine Leidenschaft.

Geheimnis und Leidenschaft

Der Skorpion als Sinnbild
vertiefter Lebenserfahrung

Als die Astronomen vor gut 60 Jahren den Pluto entdeckten, erwarteten sie einen Riesenstern. Heute stellt sich der Planet X, wie Pluto vordem genannt wurde, als verhältnismäßig kleiner Himmelskörper dar. Im Vergleich etwa zu Jupiter und Saturn ist Pluto nur ein Sternchen. Das Märchen vom »Froschkönig« erzählt dieselbe Geschichte: Als der Frosch die Treppe hochkommt, erwartet der alte König einen Riesen. Doch es ist der kleine Brunnenbewohner. – Der Frosch und der Planet Pluto haben gemeinsam, daß eine an sich unscheinbare Größe eine enorme Wirksamkeit entfaltet.

Unscheinbar ist auch der Schatten. Er ist unsichtbar, doch möglicherweise allgegenwärtig, wie Pluton oder Hades, der Gott der Unterwelt. Er scheint unbedeutend, so klein, daß er kaum ins Auge fällt, wie Plutos, der Gott des Reichtums, der als Kind auftritt. Und dennoch ist er vorhanden und wirksam. Das Geheimnis, das sowohl die Unscheinbarkeit wie auch die Macht des Schattens erklärt, besteht in der Selbstverständlichkeit. Dinge, die uns als schlichtweg normal und einfach als selbstverständlich erscheinen, werden kaum besonders beachtet und sind doch entscheidende Instanzen, die unser Leben gestalten.

Der schwarze Schatten ist eine *deutliche* Form des Schattens. In dem Moment, wo ein Mensch, eine Sache, ein Ereignis oder ein Gedanke aus dem Rahmen des

Selbstverständlichen heraustritt und sich ins Licht der Sonne stellt, wirft er oder sie auf der anderen Seite einen deutlichen schwarzen Schatten. Dem Anschein nach rufen das Licht und die Sonne das schattenhafte Dunkel hervor; in Wirklichkeit machen sie den ohnehin vorhandenen Schatten nur sichtbar.

Ist der Schatten einmal entdeckt und dem Greifen nahe, geht die alte unbefragte Selbstverständlichkeit einer Lebenseinstellung verloren. Deshalb werden Begegnungen mit dem Schatten auch gefürchtet, obwohl es einen Fortschritt, eine heilsame Erkenntnis darstellt, die Dinge so zu sehen wie sie sind. Die alte Selbstverständlichkeit geht verloren, und man braucht einen tüchtigen Wagen oder ein taugliches Schiff, um die Überfahrt zu einer *neuen* bewußten Selbstverständlichkeit und erweiterten Identität zu bewerkstelligen. »Solange das alte Selbstverständnis nicht mehr trägt und ein neues noch nicht vorhanden ist, das ja nur daraus entsteht, daß man sich in der Welt *selbst versteht*, solange aber ist eine Übergangssituation gegeben, in der gerade das Alltägliche neu eingeübt wird. Im Unscheinbaren steckt auch das Un-Scheinbare, das Wesentliche, das was im Leben zählt. Man muß es aufheben wie das sprichwörtliche Gold auf der Straße« oder wie den quakenden Frosch aus dem Brunnen.

Der astrologische Skorpion ist ein Sinnbild für die Tiefe, für die verborgenen Schatten in unserem Leben. Er kann enttäuschend wirken, sobald er in Erscheinung tritt, weil er das Bisherige infrage stellt. Aber er ist ein Glücksbote, und wird als solcher auch erlebt, wenn man auf der Suche nach einer neuen Lebensqualität sich befindet und im sichtbar werdenden Schatten die Umrisse eines neuen Ufers erkennt. Dann weiß man, daß der Weg sich gelohnt und daß die Überfahrt ihr Ziel gefunden hat. Skorpion und Schatten sind die Vorboten eines nahenden neuen Kontinents; ihr Zweck und ihre Funktion bestehen im ständigen Hinweis auf das große Unbekannte, das vor aller Augen liegt.

Das Prinzip des Skorpions ist das Begehren. In seinem Verlangen, aus seinem Leben mehr zu machen, als das Bisherige zu wiederholen, empfindet der Skorpion den Schatten als sehr hilfreich. Er findet im Schatten seinen Doppelgänger und macht sich zur Devise: »Du lebst nur zweimal«. Du lebst »nur« hier und jetzt, aber/und du lebst im Diesseits und im Jenseits, in der vertrauten wie in der unbekannten (= schattenhaften) Realität. Indem er sich seines Schattens annimmt, verdoppelt der Skorpion seine Lebenserfahrung. Und da der Schatten bis ins Reich seiner vielen Ahnen und Ahnungen führt, verdoppelt er nicht nur, er vervielfacht die Lebenserfahrungen, die ihm zur Verfügung stehen.

Würde, Seelen- und Menschenkenntnis und ein erfahrenes Verständnis des eigenen Standorts sowie der persönlichen Wünsche – diese und weitere Tugenden des Skorpions ergeben sich aus seiner Offenheit für den Schattenbereich. – Die Schwierigkeiten des Skorpions liegen entweder darin, daß er dennoch davor zurückschreckt, sich auf den Schatten einzulassen, weil er keinen Begriff dafür hat, also auch kein Bewußtsein von seiner Identität als Skorpion besitzt. Oder der Skorpion begrüßt den Schatten; aber statt den Schatten zu verwandeln und aufzuheben, verwandelt er *seine* Person in ein Schattenwesen; statt seine Identität sterben und – bereichert um die Erfahrung des Schattens – wieder neuwerden zu lassen, vermeint er, im Schatten seine

Identität zu besitzen. – Diese beiden wesentlichen Schwierigkeiten oder Gefahren des Skorpions müssen wir erkennen: Um uns vor einer Verdrängung des Schattens genauso wie vor einer Auslieferung an den Schatten zu schützen. Um das Ziel der aufhebenden Verwandlung des Schattens nicht zu verlieren. Und auch um viele der handelsüblichen Beschreibungen des Skorpions zu verstehen, die noch auf dem Weg zu diesem Ziel sich befinden.

So wird der Skorpion etwa als »das machtvollste Zeichen des Tierkreises« gedeutet (F. Sakoian/L. S. Acker). Das ist zum Teil berechtigt. Denn solange der Skorpion instinktiv die positiven Seiten des Schattens sowie des Wissens um die Sterblichkeit spürt und die anderen Zeichen eben diese Wahrheiten instinktiv eher fürchten, besitzt der Skorpion immer eine relativ unangreifbare Machtposition. An der Anerkennung des Schattens und der Sterblichkeit kommt kein Zeichen vorbei, und der Skorpion kann sich in der Rolle des Besserwissers aalen. Er kann versuchen, indem er Schatten und Tod betont, die Furcht der anderen zu benutzen und sie in ihrer Furcht zu manipulieren, damit sie nach seinem Geschmack handeln. Der Skorpion gleicht dann einem Pfarrer, der den »jüngsten Tag« in schrecklich-schönen Farben malt und mit herber Drohung von Verdammnis und mit schmeichelnder Verlockung der Erlösung die Seelen zitternd und gefügig macht, anstatt sie aufzubauen und wachsen zu lassen. Die mächtigsten Tabus in Sachen Liebe, Tod und Teufel kann der Skorpion versuchen in entsprechender Weise ins Feld zu führen. All dies hat dem Skorpion in vielen Darstellungen den Ruf des besonders Dämonischen eingebracht.

Allein, diese Beschreibungen treffen nur die halbe Wahrheit. Die Macht desjenigen, der manipuliert, setzt die Ohnmacht derjenigen voraus, die sich manipulieren lassen. In dem Moment, wo die anderen Zeichen ein eigenständiges Verhältnis zum Tod und zur Anderswelt gewinnen, wird jedenfalls dieser Sorte skorpionischer Machtpolitik und Dämonie das Wasser abgegraben. Wie in der Geschichte vom »Froschkönig« schlägt die Stunde der ganzen Wahrheit, wenn man – ähnlich der Königstochter – vor den begehrlichen Unkenrufen nicht mehr weiter fliehen kann oder will. Wie das Märchen zeigt, ist die Beendigung des Wechselspiels von Macht und Ohnmacht durchaus heilsam und bezaubernd.

Nur die dämonische Mächtigkeit des Skorpions zu betonen, wird auch den tatsächlichen Widersprüchen des Skorpions nicht gerecht. Der Skorpion ist sich seiner Gefühle sicher, aber er besitzt vielfältige und auch widerstrebende Gefühle. Daß der Skorpion sich oftmals undurchsichtig oder uneinsichtig gibt, ist nicht nur als ein Zeichen für seine abgebrühten Dominanzansprüche zu deuten; es ist ebenso ein Ausdruck der heftigen inneren Auseinandersetzungen, die den Skorpion häufig bewegen. Seine kraftvollen Emotionen führen den Skorpion auch wieder und wieder in eine *Verwirrung der Gefühle*.

Das Verlangen ist nicht nur die Stärke des Skorpions, sondern sein Leben lang muß er sich auch die Frage stellen, was er wirklich wünscht und begehrt. Die Definition eines Tierkreiszeichens, hier das Begehren, nennt sein Talent, seine Lebenseinstellung, aber auch seine Lebensaufgabe. Wie jedes andere Zeichen ist der Skorpion mächtig, wenn er sein Talent verwirklicht, und kraftlos, wenn er seine Chance und seine Aufgabe vernachlässigt.

Wieder andere astrologische Richtungen nehmen den Aspekt »das Begehren ist für den Skorpion eine Lebensaufgabe« in falscher Weise allzu wörtlich: Sie argumentieren so, als müßte der Skorpion sein Leben *aufgeben*, wenn er wirklich etwas verlangt. Weil wirkliches Begehren insoweit mit Tod gleichgesetzt wird, entstehen die Deutung und der Ratschlag an den Skorpion, er müsse seine Emotionen *überwinden*. Wolfgang Döbereiner hat diesen Gedanken zu der Vorstellung ausgebaut, beim Skorpion gehe es schwerpunktmäßig nicht mehr um Gefühle und Verlangen, sondern um Prinzipien und geistige Leitbilder. Auch hier gibt es gute Gründe für diese Deutung, die allerdings nicht mehr als einen Teil der Wahrheit ausdrückt.

Der Skorpion braucht geistige Leitbilder, um seinen vielfältigen Bedürfnissen eine *Richtung* zu weisen und um widersprüchliche Wünsche auf einen Nenner zu bringen. Der Skorpion ist ein Forscher oder eine Forscherin. Aber er ist auch Erfinder/in und konstruiert sich eine Welt, die ihm beliebt. Konsequenter als andere fragt er nach der Wahrheit. Aber man darf nicht vergessen, warum er nach dem Echten und Authentischen sucht. Er will wissen, was *für ihn* stimmt, damit er mit seinen Stimmungen klarkommt. Die persönlich stimmige Wahrheit ist für den Skorpion der einzige Anhaltspunkt, die wirksamste Sicherheit, wenn er – wie der König der Kelche – auf dem Wasser thront und im Uferlosen zuhause ist.

Prinzipien und Leitbilder, die nicht dazu führen, daß der Skorpion den Schwerpunkt in sich entdeckt, nützen ihm nichts. Der König und der Prinz der Kelche brauchen geistigen Auftrieb, damit das Wasser trägt. Aber er benötigt auch den Mittelpunkt in sich, jenen Schwerpunkt, der im Bereich des Unterleibs liegt, welcher dem Skorpion seit alters als körperliche Entsprechung zugeordnet wird. Mit diesem inneren Zentrum findet und behält er sein seelisches Gleichgewicht und hält Kurs – wie ein gutes Segelschiff – auch in bewegtem Wasser. Bleiben wir noch weiter im Bild des Königs (bzw. des Prinzen) der Kelche. Wenn der Skorpion tatsächlich erstens und hauptsächlich seine Emotionen überwinden und Halt in geistigen Prinzipien suchen wollte, so sähe das im Bild so aus: Das Schiff auf dem Wasser wäre relativ kraft- und bewegungslos, weil die Emotionen und speziell das Verlangen die Triebkraft des Skorpions darstellen; aber diese Triebkraft wäre ja überwunden oder zumindest geschwächt. Das Schiff wäre auch relativ manövrierunfähig, weil es seinen Schwerpunkt nicht in sich, sondern im Himmel, d. h. in der Luft des Geistes besitzen würde. Ohne inneren Mittelpunkt wäre schon bei einer kräftigeren Brise oder bei einem kleineren Sturm das Schiff zum Kentern verurteilt. Also muß, um dies zu verhindern, weitgehende Windstille herrschen. Die geistigen Prinzipien müssen für eine bewegungslose Ruhe in der Luft sorgen.

Dies ist das unangenehme Ende jener Deutung des Skorpions. Die Emotionen werden dieser Auffassung zufolge ohnehin aufgegeben; aber auch im geistigen Bereich führt diese Deutung zu einer gewissen Starre, welche die Lebendigkeit des Geistes (= Luft) fürchten muß. Geistige Funkstille kann die Folge sein oder ein mühsamer Kampf um ein Leben, das mit geistigen Prinzipien vollgestopft und überzogen wird.

Weil echte Wünsche und Begehren sich aber nie auf Dauer verdrängen und verleugnen lassen, werden die Erschütterungen des ganzen Gefüges um so niederschmetternder empfunden, wenn das Verlangen sich dann doch Durchbruch verschafft, wie eine Blume, die durch eine Asphaltdecke dringt. Man fühlt sich – angesichts der verletzten Oberhoheit des Geistes und der Froschaugen des ungeliebten Verlangens – plötzlich wie ohne Halt und ohne Grund. Tatsächlich aber kommt im Verlangen der wirkliche (d.h. wirksame, tragfähige) Grund und Anhaltspunkt des Skorpions zum Vorschein.

Das Begehren läßt die Gefühle nicht auf sich beruhen, sondern macht etwas damit. *Es fängt etwas mit ihnen an.* Die Emotionen werden dadurch faßbar, prüfbar und hinsichtlich ihrer inneren Stimmigkeit auch unterscheidbar. Wenn man will, so stellt gerade das begehrende Verlangen eine Überwindung der einfachen, unbefragten Emotionen dar. Bestimmte Gefühle müssen durchaus sterben, andere müssen über sich hinauswachsen, damit ein Verlangen sein Ziel erreicht. Aber bei dieser »Überwindung der Emotionen« wird nicht das Verlangen dem Prinzip geopfert, sondern das Verlangen selbst ist das Prinzip – das heißt wörtlich u. a.: Der Anfangsgrund und Ursprung. Alle Kräfte eines Menschen, einschließlich der Geistesgaben, werden benötigt, um *diesem* Prinzip zum Erfolg zu verhelfen.

Die Vorstellung, daß Geist und Verlangen oder gewissenhafte Wahrheit und persönliche Betroffenheit sich *nicht* vereinbaren ließen, liegt jener skizzierten Deutung des Skorpions zugrunde. Diese Auffassung ist keine Besonderheit der Astrologie oder eines Teils ihrer Schulen, sondern war für eine lange Zeit »bürgerliches« Selbstverständnis. Doch die Zeiten haben sich gewandelt und die Vorstellungen davon, was vernünftigerweise zu vereinbaren ist und was nicht, ebenso. Das gilt auch für die bereits angesprochene Vorstellung, wirkliches Verlangen bedeute, das Leben aufzugeben.

Von der Liebe und speziell der sexuellen Liebe heißt es, sie gleiche dem Tod, oder – wie der Schlaf, nur bewußter – so sei auch der sexuelle Höhepunkt ein Bruder oder eine Schwester des Todes. Das berührt den Kernpunkt des Skorpions. Was ist davon zu halten?

Der »Tod« selbst besitzt ein Doppelgesicht. Er vermittelt das Ende und die anschließende Umformung der Lebenskräfte. Er führt aber auch – durch das Bewußtsein der Zeitlichkeit – zu einer intensiveren Lebenserfahrung, weil man sich der eigenen Befindlichkeit und seines Pulsschlages bewußt ist. Diese Wirkung der Steigerung oder Vertiefung der Lebenserfahrung ist eine Gemeinsamkeit des *Wissens um den Tod* und der sexuellen sowie aller übrigen Leidenschaften des Lebens. Das Bewußtsein der Zeitlichkeit des (eigenen) Lebens verträgt und versteht sich mit dem bewußten Erleben der Höhepunkte wie der Tiefen des (eigenen) Lebens. Insofern – und nur insofern – ist eine Gleichsetzung von Verlangen und Sterben oder von Liebe und Tod berechtigt und sinnvoll. Im übrigen aber steht der Tod im Gegensatz zur Geburt und sind die Hochzeiten, die Hoch-Zeiten des Lebens das Gegenteil der Schattenseiten des Daseins. Diese Unterschiede durch Gleichmacherei zu verwischen, würde dem Tod seinen Stachel und dem Leben seine Fruchtbarkeit rauben.

Doch noch mehr: Der Tod bedeutet nicht Nichts. Er stellt einen starken Kontrast dar, in dem sich die Wünsche und die Ängste, erfolgreiche und erfolglose Leidenschaften eines Lebens bilanzieren, um sich schließlich weiterzuvererben. Der Tod ist in diesem Sinne weder unbeschriebenes Blatt noch schwarze Dunkelheit. – Anders dagegen die Liebe. Je mehr wir einen Menschen lieben und erkennen, erfahren wir ihn in seiner Doppelnatur, daß er oder sie sowohl einmalig und einzigartig wie auch ebenso beschaffen ist, wie viele oder alle anderen es sind. Wir sehen den geliebten Menschen mit doppelten Augen. Auf der einen Seite erfahren wir immer mehr über sie oder ihn; wissen immer besser, wie er oder sie sich verhält und verhalten wird, wie er oder sie die Welt sieht usw. Auf der anderen Seite erkennen wir immer deutlicher, daß er oder sie *ganz anders* ist, als man jemals erfassen und begreifen kann. Auf dieser Seite wissen wir immer weniger Bescheid, was der oder die andere tut und denkt, wie die Welt mit seinen oder ihren Augen aussieht, wie sie oder er sich in einer neuen Situation verhalten wird usw. Mit wachsender Kenntnis und Erkenntnis wächst auch der Respekt vor dem ganz Anderen. Und in dieser Beziehung ist es gerade die Liebe, welche uns immer wieder in seelisches Neuland führt.

Seelisches Neuland aber ist für das Bewußtsein wie ein unbeschriebenes Blatt, wie ein weißer Fleck auf der Landkarte des Wissens. Und für die Seele, für das Unbewußte sieht dieses Neuland erst wie schwarze Dunkelheit oder wie ein Fleck auf dem Spiegel der Seele aus. Denn das Unbewußte kann nur das spiegeln, von dem es bereits ein Bild besitzt. Seelisches Neuland steigt aus dem Unbewußten zuerst als dunkle Ahnung hervor.

Diesen Schatten anzunehmen und aus einem begehrlichen Frosch einen verlangenden König oder Prinzen

der Kelche zu destillieren, ist die eine Aufgabe des Skorpions in uns. Seine andere besteht – gerade umgekehrt –
darin, jeden Schatten aus seinem Bewußtsein zu entfer-
nen, indem er bestehenden Unklarheiten auf den Grund
geht. So wächst von oben und von unten ein ganzer
Mensch zusammen, in dem es »oben wie unten« pulst
und lebt.

Anmerkungen

S. 7: Motto aus: J. W. v. Goethe: Selige Sehnsucht, in: Wilhelm Scholz (Hrsg.): Das Deutsche Gedicht. Stuttgart 1954, S. 97

S. 13: Erich Fromm: Märchen, Mythen, Träume. Eine Einführung in das Verständnis einer vergessenen Sprache. Reinbek 1981, S. 9, 15

S. 15: C. G. Jung, hier zitiert nach: Ulli Olvedi: Wir sind alle ganz normale Mystiker, München 1984, S. 118

S. 16: »Wir sind der Stoff...« aus: William Shakespeare: Der Sturm. 4. Aufzug, 1. Szene

S. 27 f.: Erich Fromm, a.a.O., S. 28 f.

S. 31: »Sehnsucht des Lebens...« aus: Kahlil Gibran: Deine Kinder sind nicht deine Kinder, in: M. Seck-Aghte, B. Maiwurm (Hrsg.): 9 Monate. Lesebuch-Kalender. München 1981, S. 7

S. 33: Tierkreiszeichen und Lebensalter: Vgl. Johannes Fiebig: Auf der Suche nach dem Eingemachten. Der Stier in uns allen. Königsförde 1990, S. 29

S. 36: »Seele des Menschen...« aus: J. W. v. Goethe: Gesang der Geister über den Wassern, in: Wilhelm Scholz (Hrsg.), a.a.O., S. 89 f.

S. 47: Zu Pluton und Plutos: Persephone, die Gemahlin des *Pluton*, war eine Tochter der Demeter. *Plutos* wiederum war, wie im Text erwähnt, ein Sohn der Demeter und, so gesehen, ein Bruder der Persephone. Im heutigen Sinne ist Plutos ein Schwager des Pluton. Obwohl diese Verwandschaftsbeziehung im Mythos keine besondere Rolle spielt, so wird daran doch der gemeinsame Ursprung von Plutos und Pluton aus den Kräften der Erde (Demeter) klar. Somit zeigt sich noch einmal deutlich, daß zum Verständnis des astrologischen Pluto der Gott Pluton (Hades) alleine nicht ausreicht; Plutos, der Gott des Reichtums und des (guten) Schicksals, gehört gleichermaßen dazu.

S. 48: **Zu Hades (Schattenwelt):** Eine moderne Version einer Hades-ähnlichen Schattenwelt gibt z. B. Jean Paul Sartre in seinem Stück »Das Spiel ist aus« (Reinbek 1968).

S. 49: **Altgriechische Wortbedeutungen:** Hier und im übrigen Text zitiert nach: Menge – Güthling: Griechisch – Deutsch. Langenscheidts Großwörterbuch. Berlin, München 26. Aufl. 1987

S. 52: **Wolfgang Döbereiner:** Heyne Tierkreis-Bücher. Skorpion. München 1974, S. 43 und 59 ff.

S. 57 f.: **Peter Rühmkorf:** Einmalig wie wir alle. Reinbek 1989

S. 59: **Christiane von Wiese:** Sternzeichen Skorpion, in: Bernhard D. Haage (Hrsg.): Sternzeichen aus einem alten Schicksalsbuch – Skorpion. Frankfurt a.M. 1982, S. 18 f.

S. 60: **Tarot und Astrologie:** Die vorliegende Zuordnung der Tarot-Karten zu Tierkreiszeichen und Planeten geht auf den Golden-Dawn-Orden (Orden der Goldenen Dämmerung) zurück. Dieser war eine Rosenkreuzer-Vereinigung in England. 1888 gegründet, zerfiel er bald nach 1900 wieder. Seine Bedeutung besteht v.a. darin, daß der Orden ein Erbe der reichhaltigen esoterischen Theoriebildungen des 19. Jahrhunderts war, die er seinerseits zusammenzufassen suchte. Die Tarot-Karten spielten dabei eine Rolle unter vielem anderen. Die heute gängigsten Tarot-Karten (Rider Waite Tarot und Crowley Thoth Tarot, ohne welche die Tarot-Welle der letzten 10 bis 20 Jahre nicht vorstellbar ist) gehen auf Urheber/innen zurück, die zuvor einmal Mitglied im Golden-Dawn-Orden gewesen sind: Pamela Colman Smith und Arthur E. Waite sowie Lady Frieda Harris und Aleister Crowley.

Bei der Konzeption ihrer Karten folgten beide Produzentenpaare – mit geringen Unterschieden – in der Zuordnung zur Astrologie dem Golden-Dawn-Muster, das auch in diesem Buch wiedergegeben ist. Deshalb finden sich die hier genannten Zuordnungen im Rider-Tarot oftmals im Kartenbild wieder (z. B. Widder-Zeichen auf der Karte »IV-Der Herrscher« und Stier-Köpfe im Bild des »Münz-König«), und auf den Crowley-Karten sind diese selben Zuordnungen fast sämtlich als Zeichen angegeben.

Literatur dazu: Robert Wang: Der Tarot des Golden Dawn. Sauerlach 1985. – Israel Regardie: Das magische System des Golden
Dawn. 3 Bde. Freiburg 1987. – Evelin Bürger & Johannes Fiebig:
Tarot – Spiegel Deiner Möglichkeiten. 6. Aufl. Trier 1989, S. 111.
Neben der vorliegenden gibt es mehr als ein halbes Dutzend weitere Arten der Zuordnung, die in der Literatur vorgeschlagen werden. Diese sind jedoch nicht empfehlenswert, meist schon aus forma-
len Gründen, weil jeweils nur einem Teil der insgesamt 78 Tarot-
Karten astrologische Werte beigegeben wurden. Inhaltliche Pro-
bleme entstehen daraus, daß die Tarot-Karten hauptsächlich zur Er-
läuterung von astrologischen oder sonstigen archetypischen Prinzipien benutzt werden und somit ihr Eigenleben verlieren. Das gilt
auch für das Buch zu den im übrigen schönen Tarot-Karten von
Mertz/Struck: B.A. Mertz und Paul Struck: Astrologie und Tarot.
Interlaken 1981. – Eine Übersicht über verschiedene Zuordnungs-
weisen finden Sie in: Stuart R. Kaplan, The Encyclopedia of Tarot.
Bd. 1. New York 1978, S. 4f.

S. 77: Sigmund Freud: Erinnern, Wiederholen und Durcharbeiten,
in: ders.: Studienausgabe Ergänzungsband. Schriften zur Behand-
lungstechnik. Frankfurt a. M. 1982, S. 205 ff.

S. 94: Auslage »Weg der Wünsche« aus: Johannes Fiebig: Tarot –
Andere Wege im Alltag, Bonn 2. Aufl. 1988, S. 55

S. 107 f.: »Weinen bei einem sentimentalen...« aus: Anja Meulenbelt: Die Scham ist vorbei. Eine persönliche Erzählung. München 6.
Aufl. 1981, S. 9

S. 117: Wolfdietrich Siegmund: Bericht eines Psychiaters über die
Verwendung von Märchenmotiven in der Therapie, in: Frederik
Hetmann: Traumgesicht und Zauberspur. Frankfurt a. M. 1982,
S. 130

S. 117: »Die Frau, die auszog...« in: Sigrid Früh (Hrsg.): Die Frau,
die auszog, ihren Mann zu erlösen. Europäische Frauenmärchen.
Frankfurt a. M. 1985, S. 21 ff.

S. 122: »Am Westgestade des...« aus: Gustav Schwab: Sagen des klassischen Altertums. Wien, Heidelberg 1963, S. 162

S. 126: »Beziehungsdrama«: Eine einleuchtende und hilfreiche Interpretation dieses Märchens als Beziehungsdrama gibt: Hans Jellouschek: Der Froschkönig. Ich liebe dich, weil ich dich brauche. Zürich 1985

S. 131: »Wär nicht das Auge...« – J. W. v. Goethe, hier zitiert nach: Friedrich W. Doucet: Traum und Traumdeutung. München 1973, S. 79

S. 134: Sigmund Freud: »Selbstdarstellung«. Frankfurt a. M. 1971

S. 137: »Solange das alte Selbstverständnis...« aus: Johannes Fiebig: Tarot – Andere Wege im Alltag, a.a.O., S. 36

S. 139: Frances Sakoian / Louis S. Acker: Das große Lehrbuch der Astrologie. München 1984, S. 55

S. 139: »Ruf des besonders Dämonischen«: Peter Orban (Pluto. Über den Dämon im Inneren der eigenen Seele. Reinbek 1989) geht sogar soweit, zum Thema Pluto (und indirekt damit auch zum Skorpion) das reinste Horror- und Katastrophenkabinett zusammenzustellen. Hier manipuliert Pluto schon nicht mehr, er hat die Seelen bereits verschlungen. Diese finstere Sichtweise läßt sich als Moment einer Gegenbewegung zu einer in der Literatur lange Zeit vorherrschenden Verherrlichung der Macht des Unbewußten begreifen. Aber Pluto ist kein Seelengefängnis, und wo er die Seelen mit Schatten belegt, hat dies negative und positive Bedeutungen. – Der Frosch muß zum König werden; dann hören die Unkenrufe auf.

S. 141: Wolfgang Döbereiner: a.a.O.

Literaturhinweise

Astrologie

Döbereiner, Wolfgang: Astrologisches Lehr- und Übungsbuch: Münchner Rhythmenlehre. 6 Bände. München 1984 ff.

ders.: Heyne Tierkreis-Bücher. 12 Bände von Widder bis Fische. München 1974 f.

Greene, Liz: Schicksal und Astrologie. Die Familie im Spiegel des Horoskops. München 1985

Haage, Bernhard D. (Hrsg.): Sternzeichen aus einem alten Schicksalsbuch – Skorpion. Mit einer Einleitung von Christiane von Wiese. Frankfurt a. M. 1982

Huber, Louise: Die Tierkreiszeichen. Reflexionen, Meditationen. 2. Aufl. Zürich 1983

Karrer, Iso: Tierkreis und Jahreslauf. Astrologie in Mythos und Volksbrauch. Basel 1985

Meyer, Hermann: Astrologie und Psychologie. Eine neue Synthese. München 1981, Reinbek 1986

Orban, Peter: Pluto. Über den Dämon im Inneren der eigenen Seele. Reinbek 1989

Riemann, Fritz: Lebenshilfe Astrologie. Gedanken und Erfahrungen. München 1977

Sakoian, Frances, und Louis S. Acker: Das große Lehrbuch der Astrologie. München 1984

Sterneder, Hans: Tierkreisgeheimnis und Menschenleben. 2. Aufl. Freiburg 1985

Sun Bear und Wabun: Das Medizinrad. Eine Astrologie der Erde. 6. Aufl. München 1984

Weiss, Jean-Claude: Astrologie – Eine Wissenschaft von Raum und Zeit. Wettswil 1987

Weiss, Jean-Claude, und Verena Bachmann: Pluto. Das Erotische und Dämonische. Wettswil 1989

Tarot

Anonymus d'Outre-Tombe: Die großen Arkana des Tarot. Ausgabe A in 4 Bd., Freiburg 1983. – Eine Auswahl aus dem Gesamtwerk bietet das Taschenbuch: (ders.:) Schlüssel zum Geheimnis der Welt. Meditationsübungen zum Tarot. Hrsg. v. Gertrude Sartory, Freiburg 1987

Banzhaf, Hajo: Das Tarot-Handbuch. München 1986

Bürger, Evelin, und Johannes Fiebig: Tarot – Spiegel Deiner Möglichkeiten. 6. Aufl. Trier 1989

Crowley, Aleister: Das Buch Thoth (Ägyptischer Tarot). Waakirchen 1981

Deutsches Spielkarten-Museum: Tarot – Tarock – Tarocchi. Tarocke mit italienischen Farben. Bearbeitet von Detlef Hoffmann und Margot Dietrich. Leinfelden-Echterdingen 1988 (Deutsches Spielkarten-Museum, Schönbuchstraße 32, D-7022 Leinfelden-Echterdingen)

Fiebig, Johannes: Tarot – Andere Wege im Alltag. 2. Aufl. Bonn 1988

Francia, Luisa: Hexentarot. Traktat gegen Macht und Ohnmacht. 4., erw. Aufl., Zürich o. J.

Kaplan, Stuart R.: The Encyclopedia of Tarot. 2 Bde. New York 1978 und 1986

Leuenberger, Hans-Dieter: Schule des Tarot – Band 3. Das Spiel des Lebens. Freiburg 1984

Nichols, Sallie: Die Psychologie des Tarot. Interlaken 1984

Pollack, Rachel: Tarot. 78 Stufen der Weisheit. München 1985

Waite, A.E.: Der Bilderschlüssel zum Tarot. Waakirchen 1978

Ziegler, Gerd (Bodhigyan): Tarot – Spiegel der Seele. Sauerlach 1984

Traumdeutung

Adler, Alfred: Lebenskenntnis. Frankfurt a. M. 1978

Aeppli, Ernst: Der Traum und seine Deutung. München 1984

Doucet, Friedrich W.: Traum und Traumdeutung. München 1973

Freud, Sigmund: »Selbstdarstellung«. Frankfurt a. M. 1971

ders.: Die Traumdeutung. Frankfurt a. M. 1972

Hark, Helmut, Verena Kast, Ingrid Riedel (Hrsg.): Reihe Träume als

Wegweiser (Traumbild Schlange, Traumbild Fuchs usw.) Olten und Freiburg 1986 ff.

Harnisch, Günter: Das große Traum-Lexikon. Freiburg 1989

Jacobi, Jolande: Die Psychologie von C. G. Jung. Eine Einführung in das Gesamtwerk, mit einem Geleitwort von C. G. Jung. Frankfurt a. M. 1978

Jung, C. G.: Bewußtes und Unbewußtes, Frankfurt a. M. 1957

Mann, Thomas: Freud und die Zukunft; in: Sigmund Freud: Abriß der Psychoanalyse. Das Unbehagen in der Kultur. Frankfurt a. M. 1970

Vollmar, Klausbernd: Dream Power. Ein Handbuch für Träumer. Berlin 1988

Märchen / Märchendeutung

Drewermann, Eugen, und Ingrit Neuhaus: *Reihe* Grimms Märchen tiefenpsychologisch gedeutet. Olten und Freiburg 1982 ff.

Fiebig, Johannes: Märchen heute – was sie uns bedeuten. Planungsmaterial für den Deutschunterricht (in der Reihe: Deutsch – betrifft uns, hrsg. v. Guido Ossemann). Aachen 1985

Grimm, Brüder Jacob und Wilhelm: Kinder- und Hausmärchen. Urfassung 1812/1814. Mit einem Nachwort von Peter Dettmering. Lindau o. J.

dies.: Kinder- und Hausmärchen: Jubiläumsausgabe zum 200. Geburtstag 1985/6: Ausgabe letzter Hand mit den Originalanmerkungen der Brüder Grimm, hrsg. v. Heinz Rölleke. Stuttgart 1984

Hetmann, Frederik: Traumgesicht und Zauberspur. Märchenforschung – Märchenkunde – Märchendiskussion. Frankfurt a. M. 1982

Konrad, Johann Friedrich: Hexen-Memoiren. Märchen entwirrt und neu erzählt. Frankfurt a. M. 1981

Seifert, Theodor (Hrsg.): *Reihe* Weisheit im Märchen. Zürich 1984 ff.

Wittmann, Ulla: Ich Narr vergaß die Zauberdinge. Märchen als Lebenshilfe für Erwachsene. Interlaken 1985.

Verschiedenes zur Symbolkunde

Bächtold-Stäubli, Hannes, und Eduard Hoffmann-Krayer (Hrsg.): Handwörterbuch des deutschen Aberglaubens. 10 Bände. Berlin 1927–42

Diederichs, Ulf (Hrsg.): Erfahrungen mit dem I-Ging. Vom kreativen Umgang mit dem Buch der Wandlungen. Köln 1984

Dinzelbacher, Peter (Hrsg.): Wörterbuch der Mystik. Stuttgart 1989

Feldenkrais, Moshe: Die Entdeckung des Selbstverständlichen. Frankfurt a. M. 1985

Fromm, Erich: Märchen, Mythen, Träume. Eine Einführung in das Verständnis einer vergessenen Sprache. Reinbek 1981

Herder-Lexikon: Symbole. Freiburg 1978

Ifrah, Georges: Universalgeschichte der Zahlen. Frankfurt 1986

Kast, Verena: Die Dynamik der Symbole. Grundlagen der Jungschen Psychotherapie. Olten und Freiburg 1990

Kellerer, Christian: Der Sprung ins Leere. Objet trouvé – Surrealismus – Zen. Köln 1982

Lang, Hermann: Die Sprache und das Unbewußte. Jacques Lacans Grundlegung der Psychoanalyse. Frankfurt a. M. 1986

Lurker, Manfred: Lexikon der Götter und Dämonen. Stuttgart 2. Aufl. 1989

ders. (Hrsg.): Wörterbuch der Symbolik, Stuttgart 4. Aufl. 1988

Miers, Horst E.: Lexikon des Geheimwissens. München 1986

Rosenberg, Alfons: Einführung in das Symbolverständnis. Freiburg 1959

Ruck-Pauquèt, Gina: Geschichten für das Skorpion-Kind. Bayreuth 1983

Unger, Wilhelm: »Wofür ist das ein Zeichen?« Auswahl aus veröffentlichten und unveröffentlichten Werken des Kritikers und Autors, mit einem Vorwort von Alfred Neven DuMont, hrsg. v. Meret Meyer, Köln 1984

Vollmar, Klausbernd: Das Geheimnis der Farbe Schwarz. Südergellersen 1988

ders.: Das Geheimnis der Farbe Weiß. Südergellersen 1989

Wilson, Colin: Das Okkulte. Berlin und Schlechtenwegen 1982

Wittlich, Bernhard: Symbole und Zeichen. 2. Aufl. Bonn 1982

Register

Weitere Veröffentlichungen
von Evelin Bürger & Johannes Fiebig

Evelin Bürger & Johannes Fiebig:
Tarot – Spiegel Deiner Möglichkeiten
Bonn 1984, 7. Auflage Trier 1991
Verlag Kleine Schritte. ISBN 3-923261-05-5.
128 Seiten. Zahlr. Abbildungen

Eines der erfolgreichsten deutschsprachigen Tarot-Bücher.

Johannes Fiebig:
Tarot – Andere Wege im Alltag
Bonn 1987; 2. Auflage 1988
Verlag Kleine Schritte. ISBN 3-923261-10-1.
128 Seiten. Zahlr. Abbildungen

»Fiebig, erfahrener Tarot-Anhänger, schlägt ein neues Kapitel im Tarot-Kartenlegen auf. Während die üblichen Handbücher mehr dem traditionellen Muster verhaftet sind, baut er auf selbständige Orientierung… (ein) Grundlagenwerk für fortgeschrittene Tarot-Fans.« (Uwe-F. Obsen, ekz-Informationsdienst 6/88)

Johannes Fiebig:
Märchen heute – was sie uns bedeuten
Aachen 1985 ff.
Verlag Bergmoser + Höller. ISSN 0178-0417.
40 Seiten Loseblatt DIN A4

In der Reihe »Deutsch – betrifft uns. Planungsmaterial für den Deutschunterricht«, hrsg. v. Guido Ossemann, Heft 2/85.

Evelin Bürger & Johannes Fiebig (Hrsg.):
Tarot – Kalender 1991 ff.
(Jahresschrift für Tarot und Astrologie)
Trier 1990 ff.
éditions trèves. ISBN 3-88081-295-0

Mit Tarot und Astrologie durchs Jahr. Wechselnde Jahresthemen. Ein schön gestaltetes Jahrbuch in Leinen mit Goldprägung.

Bücher für Herz und Verstand

Buchreihe Astrologie, Tarot, Träume & Märchen

Die Welt ist voller Symbole, die wir in ihrer Bedeutung oft nicht bewußt wahrnehmen. Bilder und Begriffe, Fantasie- und Traumvorstellungen geben uns jedoch Möglichkeiten eines erweiterten Selbstverständnisses und einer verbesserten Welterkenntnis, wenn wir die Sprache der Symbole zu deuten lernen. Die Begegnung mit inneren und äußeren Symbolfiguren ist spannend, unterhaltsam und lehrreich – wie ein Krimi, ein Gedicht oder ein Rätsel, in dem man beginnt, selber mitzuspielen. Die Symbolsprache, so schrieb Erich Fromm, sollte zu den ersten »Fremdsprachen« zählen, die wir erwerben.

Bereits erschienen:

Johannes Fiebig: **Auf der Suche nach dem Eingemachten.**
Der Stier in uns allen. ISBN 3-927808-02-4

Johannes Fiebig: **Schneller als der Schatten.**
Die Zwillinge in uns allen. ISBN 3-927808-03-2

Johannes Fiebig: **Der Glanz des Dunklen.**
Der Steinbock in uns allen. ISBN 3-927808-10-5

Johannes Fiebig: **Der Zauber des Eigenen.**
Der Wassermann in uns allen. ISBN 3-927808-11-3

Johannes Fiebig: **Der Skorpion in uns.**
Geheimnis und Leidenschaft. ISBN 3-927808-08-3

Johannes Fiebig: **Der Schütze in uns.**
Einsicht und Begeisterung. ISBN 3-927808-09-1

Es folgen (1991):

Die Fische in uns. ISBN 3-927808-12-1
Der Widder in uns. ISBN 3-927808-01-6
Das Tierkreiszeichen Krebs in uns. ISBN 3-927808-04-0
Der Löwe in uns. ISBN 3-927808-05-9
Die Jungfrau in uns. ISBN 3-927808-06-7
Die Waage in uns. ISBN 3-927808-07-5
Jeder Band 160 Seiten, zahlreiche Abbildungen, DM 14,80.
Königsfurt Verlag. Erhältlich im Buchhandel.